W0282610

Manuel de préparation

GALOPS 1 à 4 et DEGRÉ 1

PROGRAMMES OFFICIELS DES GALOPS ET DEGRÉS

LAVAUZELLE

Illustrations et maquette : Laurence Jacquey
Textes : Patrick Perreau et Laurence Jacquey
Montage et photogravure : Lavauzelle Graphic
Crédit photos : Giampaolo Vimercati

Pourquoi faire une préface ?

Cette question, je me la suis posée quand mon éditeur m'a proposé de préfacer ce manuel.

J'ai très vite accepté. Les manuels Lavauzelle sont à la base de mon parcours équestre.

Ils m'ont accompagné, tout au long de mon apprentissage. Ils m'ont permis d'acquérir les bons réflexes.

Ces bases et leur travail régulier m'ont ouvert la voie vers la quête de l'équilibre.

La nouvelle édition de ce manuel met en valeur l'axe Homme Cheval qui est aujourd'hui la base de ma réussite équestre.

Vivre avec mon cheval :

- *L'écouter, se mettre à sa place*
- *Bouger et jouer avec lui*
- *Créer une complicité*

Vous retrouverez dans ce manuel, les préceptes permettant de réussir vos examens fédéraux et de vous accomplir en temps que futur cavalier.

Je vous engage à vivre au maximum votre passion et aller au bout de vos rêves.

Kévin STAUT

Collection Rois et Rênes
Le Cavalier d'acier
Kévin Staut

Sommaire

GALOP 3

GALOP 4

DEGRE 1

PROGRAMME OFFICIEL GALOP 1

Après avoir pansé et amené sa monture en main sur le terrain, être capable de se déplacer au pas et au trot.

EQUITATION

Au pas

- Rechercher son équilibre assis
- S'arrêter
- Partir au pas
- Entretenir le pas
- Conduire sur des courbes larges

Au trot

- Découvrir son équilibre
- Partir au trot
- Entretenir le trot
- Revenir au pas

Au galop

- Découvrir son équilibre

SOINS

- Aborder, mettre un licol, attacher
- Effectuer un pansage élémentaire
- Amener sa monture en filet en main sur le terrain
- Débrider, desseller

CONNAISSANCES

- Les parties principales de l'extérieur de sa monture
- Les robes
- Notions des différentes activités équestres
- Règles élémentaires de sécurité
- Le matériel de pansage élémentaire

PROGRAMME OFFICIEL GALOP 2

Après avoir effectué un pansage complet, bridé et sellé (s'il y a une selle) sa monture, être capable de se déplacer aux trois allures.

EQUITATION

Au pas

- Stabiliser son équilibre assis
- Changer d'allure à volonté
- Conduire sur des courbes serrées

Au trot

- Rechercher son équilibre
- Découvrir son équilibre assis
- Changer d'allure à volonté
- Conduire sur des courbes larges

Au galop

- Découvrir son équilibre assis
- Rechercher son équilibre sur les étriers
- Changer d'allure à volonté
- Maintenir le galop

Saut et/ou terrain varié

- Découvrir son équilibre sur les étriers sur des cavaletti isolés et/ou en terrain varié
- Conserver l'allure à l'abord de cavaletti isolés et/ou en terrain varié

SOINS

- Effectuer un pansage complet
- Seller et brider
- Mettre et enlever une couverture (ou une chemise)
- Entretenir les harnachements (cuirs et aciers)

CONNAISSANCES

- Les parties du licol, du filet et de la selle
- Particularités des robes (marques blanches sur la tête et les membres)
- Les aides naturelles et artificielles
- L'impulsion
- Les aides pour avancer

PROGRAMME OFFICIEL GALOP 3

Après avoir vérifié le bon état général de sa monture et lui avoir ajusté le harnachement, être capable de la diriger aux trois allures, sur des sauts isolés ou en terrain varié.

EQUITATION

Au pas

- Evoluer seul
- Partir et revenir au pas en un point précis

Au trot

- Trotter enlevé sur le diagonal désiré
- Stabiliser son équilibre sur les étriers
- Evoluer seul
- Partir et revenir au trot en un point précis
- Conduire sur des courbes serrées

Au galop

- Rechercher son équilibre assis
- Evoluer seul
- Partir au galop en un point précis et sur le bon pied

Saut et/ou terrain varié

- Rechercher son équilibre sur les étriers sur des sauts isolés et/ou en terrain varié
- Contrôler l'allure à l'abord et à la réception de sauts isolés et/ou en terrain varié
- Conduire à l'abord et à la réception de sauts isolés et/ou en terrain varié

SOINS

- Inspection des membres et soins élémentaires avant et après le travail
- Entretenir une litière
- Ajuster le harnachement

CONNAISSANCES

- Le trot enlevé
- Notions du rôle de la ferrure
- Description de la tête et des membres (extérieurs)
- Notions sur les allures
- Les aides du tourner : deux rênes dans une main, une rêne dans chaque main.

PROGRAMME OFFICIEL **GALOP 4**

Le cavalier possédant une bonne connaissance de l'entretien, des besoins, de la locomotion et du comportement de sa monture, doit être autonome aux trois allures, en terrain varié et dans l'enchaînement de sauts.

EQUITATION

Au pas

- Contrôler la vitesse
- Déplacer les hanches
- Inverser et enchaîner des courbes serrées

Au trot

- Rechercher son équilibre assis
- Rechercher son équilibre au trot enlevé lors des variations de vitesse et des changements de direction
- Contrôler la vitesse
- Inverser et enchaîner des courbes larges

Au galop

- Stabiliser son équilibre sur les étriers
- Galoper assis en rythme
- Partir au galop du pas sur le bon pied
- Contrôler la vitesse
- Conduire sur des courbes larges

Saut et/ou terrain varié

- Rechercher son équilibre sur les étriers en enchaînant des sauts isolés
- Contrôler l'allure et la vitesse en enchaînant des sauts isolés
- Conduire en enchaînant des sauts isolés

SOINS

Les soins ci-après s'ajoutent à ceux des **GALOPS 1, 2** et **3**

- Poser des protections de travail (guêtres, protège-boulets, cloches, bandes de polo)
- Poser des protections de transport

CONNAISSANCES

Les connaissances ci-après s'ajoutent à celles des **GALOPS 1, 2** et **3**

- Notions sur l'alimentation
- Notions des soins quotidiens
- Comportement de sa monture à l'écurie, au travail et à l'extérieur
- Règles de sécurité en aire de travail et à l'extérieur
- Accord des aides
- Mécanismes du galop à gauche et du galop à droite

Degré 1

Le degré 1 valide des connaissances et des compétences de base qui permettent une pratique autonome de l'équitation sur un poney ou un cheval dressé et adapté au niveau du cavalier.

Il se compose de quatre tests :

1. Test de connaissances théoriques
2. Test de pratique autour du poney / cheval (PAC)
3. Test de soins aux chevaux
4. Test de pratique équestre

Test de connaissances théoriques

Le candidat répond à un questionnaire à choix multiples de 30 questions portant sur le programme suivant :

- *connaissances théoriques des* **galops 1**, **2**, **3** *et* **4** ;
- besoins en alimentation ;
- signes de maladies ;
- code de la route et de courtoisie ;
- connaissances éthologiques de base du poney / cheval : monde sensoriel, organisation sociale, mode de communication, rythme de vie, conséquences de la domestication ;
- culture autour du poney / cheval.

Le test est acquis avec un minimum de 20 réponses correctes.

Test de pratique autour du poney / cheval

Etre capable d'aller chercher ou de ramener un poney / cheval au box, en stabulation ou en pâture, de le préparer, de le présenter en main et d'effectuer des exercices à la longe et en main.

Le test se compose de trois épreuves distinctes mais qui peuvent être enchaînées :

◦ *Epreuve 1*

Aller chercher un poney / cheval au box, en stabulation, en pâture

Attacher et préparer un poney / cheval

◦ *Epreuve 2*

Le type de présentation est tiré au sort.

Présenter seul et sans aide extérieure son poney / cheval en main, à l'arrêt, au pas et au trot en filet ou en licol :

- *soit en triangle, type modèles et allures ;*
- *soit en ligne, type visite vétérinaire.*

◦ *Epreuve 3*

Enchaîner un parcours imposé à effectuer poney / cheval en main ou à la longe et comportant :

- *un reculer de 2 mètres dans un couloir balisé avec le poney / cheval en main ;*
- *un passage sur une bâche lourde ou sur une passerelle avec le poney / cheval en main ;*
- *la mise et le maintien sur un cercle minimum de 6 mètres du poney / cheval à la longe au pas, au trot et à l'arrêt, aux deux mains.*

Le jury émet l'avis « acquis » ou « non acquis » pour chaque épreuve.

Les trois épreuves doivent être acquises pour que le test soit validé.

Test de soins aux chevaux

Le candidat tire au sort une épreuve à réaliser devant le jury. Chaque épreuve est composée de deux parties.

	PARTIE A	PARTIE B
1	Mettre une couverture, l'enlever	Curer et graisser les pieds
2	Doucher les membres, bouchonner, utiliser le couteau de chaleur	Faire un box, vider les crottins et la paille sale, étaler la paille propre et nettoyer l'abreuvoir
3	Entretenir un filet, le démonter, le nettoyer, le graisser, le remonter	Mettre des guêtres aux antérieurs
4	Entretenir une selle	Toiletter
5	Effectuer un pansage complet	Ajuster un filet à un poney / cheval
6	Préparer un poney / cheval pour le transport, mettre les protections de transport	Inspecter le corps et les membres
7	Raccourcir une crinière	Mettre des bandes de polo

Pour chacune des parties A et B, le jury émet un avis : acquis ou non acquis.

Les deux parties doivent être acquises pour que le test soit validé.

Test de pratique équestre

Etre capable de présenter en autonomie son poney / cheval sur un parcours comportant des exercices imposés permettant de valider le contrôle de la direction, des allures et de la vitesse en conservant un équilibre stable et un contact moelleux avec son poney / cheval.

Le parcours se déroule de préférence sur un terrain extérieur, de type spring garden ou PTV (Parcours en Terrain Varié), permettant de voir l'ensemble de l'exécution du candidat.

Il peut se dérouler sur un terrain combinant une partie carrière et une partie extérieur, mais en aucun cas sur une carrière uniquement.

Le parcours doit faire l'objet d'une reconnaissance officielle et d'un plan consultable précisant les contrats et leur matérialisation. Le cavalier peut être aidé par son enseignant ou une personne désignée par lui par des indications portant uniquement sur le ou les contrats à réaliser sans autre indication. Des conseils portant sur l'exécution sont éliminatoires pour le test.

Le candidat dispose d'un temps défini pour effectuer son parcours. Si le temps est dépassé, le test n'est pas validé.

Le parcours doit comporter 20 exercices ou contrats. Les exercices et les contrats sont implantés dans l'ordre qui correspond le mieux au terrain et au déroulement. Il n'y a pas d'ordre imposé.

S'ajoutent aux pratiques équestres des galops 1, 2, 3 et 4 :

- stabiliser son équilibre lors du franchissement d'un contre-haut au galop (maxi 50 cm) ou d'un plan incliné ascendant au trot ;

- stabiliser son équilibre lors du franchissement d'un contre-bas au trot (maxi 50 cm) ou d'un plan incliné descendant au pas ;

- passage de gué, ramassage, bâche lourde ou branches basses...

Les différentes activités équestres

Cette présentation par ordre alphabétique et non exhaustive des différentes activités équestres permet à chacun, par leurs diversités, de faire un choix selon ses goûts et ses capacités.

Amazone C'est la seule discipline où l'on monte à cheval ou à poney les deux jambes du même côté, à l'aide d'une selle spécialement conçue.

Attelage

C'est l'une des disciplines où l'on ne monte pas à cheval ou à poney. Une voiture hippomobile est attelée derrière un ou plusieurs chevaux que le meneur doit conduire sur route ou en terrain varié.

Camargue (équitation)

Elle se pratique sur des chevaux camarguais avec un harnachement adapté à cette technique spécifique. Cette équitation est l'héritière d'une tradition séculaire propre aux cavaliers du delta du Rhône.

Concours Complet d'Equitation (C.C.E.)

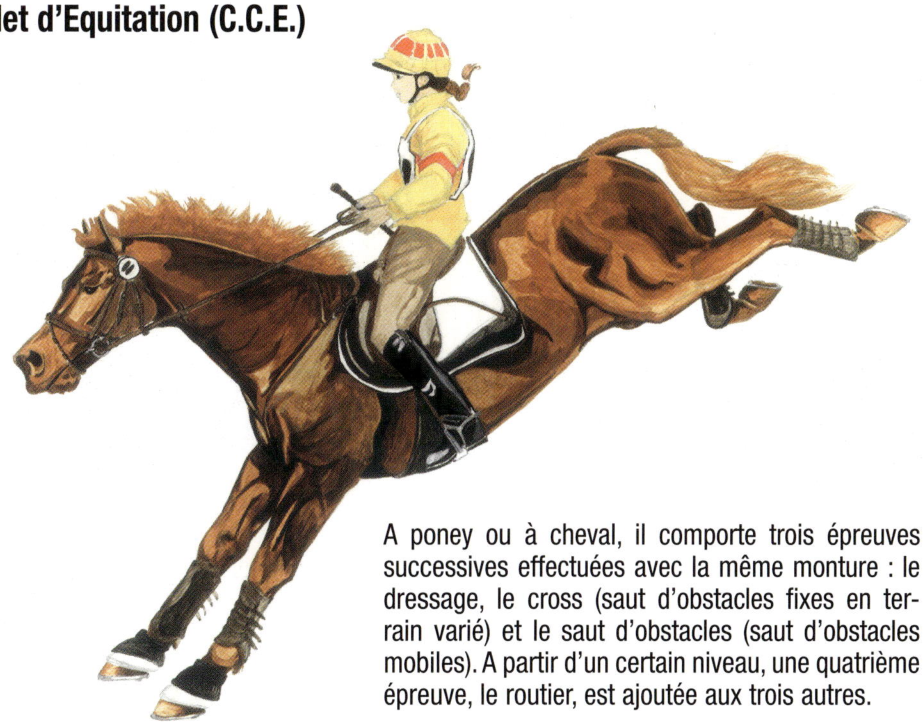

A poney ou à cheval, il comporte trois épreuves successives effectuées avec la même monture : le dressage, le cross (saut d'obstacles fixes en terrain varié) et le saut d'obstacles (saut d'obstacles mobiles). A partir d'un certain niveau, une quatrième épreuve, le routier, est ajoutée aux trois autres.

Courses de galop Les courses plates (= sans obstacle) se courent sur des distances variant de 800 m à 4000 m. Elles sont le plus souvent réservées aux Pur-Sang Anglais sur les hippodromes.

Les courses avec obstacles se disputent sur des distances comprises entre 2800 m et 7000 m. Il existe des courses de haies, des steeple-chases et des cross-country.

Courses de trot Elles se disputent également sur des hippodromes et sont réservées aux trotteurs français. Il existe des courses de trot monté et de trot attelé, la voiture est appelée « sulky ».

Dressage C'est l'enchaînement de plusieurs figures, airs et exercices devant être éxécutés dans un ordre précis, aux différentes allures, sur une surface la plus plane et homogène possible (sable ou gazon) dans un temps maximal imparti. Il existe, à partir d'un certain niveau, les Reprises Libres en Musiques, où les couples cavalier - cheval ou cavalier - poney doivent présenter un enchaînement original en parfaite concordance avec les tempos de leur musique.

Equifun C'est un parcours chronométré de maniabilité qui regroupe une succession d'épreuves ludiques.

Endurance

C'est l'équitation d'extérieur individuelle ou en équipe, qui se déroule en terrain varié sur un itinéraire précis, imposé et balisé, à vitesse imposée ou libre.

Endurance en attelage

C'est l'ensemble de plusieurs épreuves réalisées en attelage en terrain varié sur un itinéraire précis, imposé et balisé, à vitesse imposée ou libre.

Horse-ball

C'est un sport collectif où deux équipes de six cavaliers (quatre joueurs de champ et deux remplaçants) s'affrontent sur un terrain balisé. Il se joue avec un ballon pourvu de six anses qu'il faut envoyer dans une cible élevée située à chaque extrémité du terrain.

Hunter

C'est un parcours de saut d'obstacles mobiles que le couple cavalier - cheval doit franchir dans un style le plus précis et élégant possible.

Jumping (Concours de Saut d'Obstacles / CSO)

C'est un parcours de saut d'obstacles mobiles dont l'objectif est de réaliser un sans-faute dans un temps imparti.

Pony-games

C'est l'ensemble de jeux équestres pratiqués selon leurs règlements propres, en équipe ou en individuel.

Polo

C'est un sport collectif où deux équipes de trois cavaliers doivent frapper une petite balle avec un maillet pour l'envoyer dans l'un des buts situés à chaque extrémité du terrain.

Paraéquestre

Inscrite aux jeux mondiaux, cette discipline permet aux cavaliers handicapés de se donner des objectifs sportifs.

Ski joëring

C'est une activité sportive alliant le ski et l'attelage. Le skieur est tracté sur la neige ou tout autre terrain permettant la glisse avec du matériel adapté.

T.R.E.C. (Technique de Randonnée Equestre de Compétition)

C'est une compétition constituée de quatre épreuves qui visent à évaluer les qualités du couple cavalier - cheval : présentation, parcours d'orientation et de régularité, maîtrise des allures, parcours en terrain varié.

Tourisme équestre

C'est l'équitation de randonnée s'étalant sur un ou plusieurs jours, qui permet de découvrir la richesse des régions et des pays.

Voltige

C'est l'exécution d'enchaînement de différents exercices gymniques sur le dos d'un cheval longé au pas ou au galop. Les compétitions sont individuelles ou par équipe.

Western équitation

C'est une discipline issue d'une tradition propre aux cow-boy (garçons vachers) rassemblant de nombreuses épreuves équestres qui visent à évaluer les qualités d'un cheval au travail.

Le centre équestre

Chaque établissement équestre est structuré selon son objectif et sa région.

Les installations

1 L'accueil

Un responsable est disponible au bureau ou au club-house pour répondre aux différentes questions concernant les horaires, les tarifs, l'équipement, l'assurance, la licence et les activités pratiquées.

2 La sellerie

C'est le lieu où vous entreposez et entretenez le matériel.

3 4 5 L'hébergement

L'hébergement désigne les locaux où les chevaux et les poneys vivent. En fonction de leur taille et/ou de leur caractère, ils sont hébergés dans quatre modes de logement : le box, la stalle, la stabulation, la pâture.

LE BOX

C'est une pièce individuelle d'au minimum 3 m X 3 m X 3 m (soit 27 m^3), où le cheval se déplace et se couche librement. Il est équipé d'une mangeoire et d'un abreuvoir individuels. La litière, de paille, de copeaux de cuir, de copeaux de bois ou autre, doit être entretenue régulièrement.

LA STALLE

Le cheval, équipé d'un licol et d'une longe, est attaché avec un système coulissant qui lui permet de se coucher et de profiter du voisinage immédiat de ses congénères, mais qui l'empêche de se retourner.

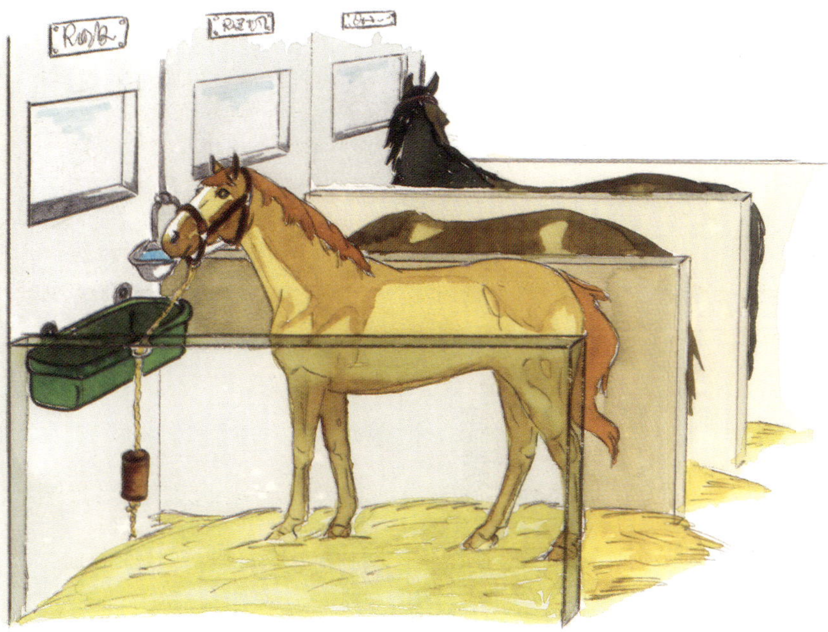

Ses excréments sont expulsés vers l'entrée de la stalle et sont donc faciles d'accès pour le ramassage, il ne peut donc pas s'infester de ses parasites. La litière est généralement en paille. La stalle est équipée d'un abreuvoir et d'une mangeoire individuels.

LA STABULATION LIBRE

C'est un espace clos, le plus souvent couvert où plusieurs équidés, souvent de petite taille, sont hébergés. Ils y sont en liberté et profitent pleinement de leur instinct grégaire*. Ils ne sont pas ferrés aux postérieurs.

Lors de la distribution des repas, afin d'assurer à chacun sa ration, il est souhaitable de les attacher aux anneaux scellés à l'intérieur de la stabulation.

Lorsque vous venez chercher l'un d'entre eux, veillez à ne pas laisser la porte ouverte, ou alors préparez-vous à une bonne course !

LA PÂTURE

C'est un espace en herbe plus ou moins grand, clôturé d'une barrière (d'une hauteur d'1,50 m minimum pour les chevaux) ou d'un ruban électrifié, qui dispose d'un abri construit ou naturel, d'une mangeoire et d'un abreuvoir. Les équidés y sont en liberté comme dans la stabulation libre.

LE PADDOCK

C'est une pâture miniature utilisée pour la détente, le repos ou la convalescence des chevaux, mais, comme ils peuvent trotter ou galoper, il n'est pas absurde de leur poser des protections.

(6) Le rond de longe

Cette surface plane, homogène et circulaire est utilisée pour le travail à la longe ou pour l'enseignement aux cavaliers débutants.

* Grégaire : se dit d'une espèce animale qui vit en groupe ou en communauté, sans être nécessairement sociale.

⑦ Le manège

C'est le lieu de travail des chevaux et d'enseignement aux cavaliers. Sa dimension est variable. Un manège « olympique » mesure 60 m en longueur sur 20 m en largeur. Le sol y est plat, souple et homogène.

Le pourtour du manège est équipé d'un pare-botte qui permet aux cavaliers et aux chevaux de garder une distance de sécurité par rapport aux murs d'enceinte.

Les lettres sont des repères utilisés pour la réalisation d'exercices en un point ou sur une zone précise. Leur ordre est celui utilisé pour les reprises de dressage. Pour les plus jeunes, elles sont agrémentées de dessins illustrant chaque lettre.

Le miroir (facultatif) permet au cavalier de contrôler ses actions et sa position, surtout s'il travaille seul.

⑧ La carrière

Non couverte et souvent plus grande qu'un manège, clôturée d'une lice, la carrière permet une pratique en plein air de l'équitation. Elle peut comporter des obstacles fixes (rivière, contre-haut, plan descendant, trou...) et s'utilise donc également en tant que spring garden (jardin de saut).

Le matériel des obstacles mobiles ne doit pas y être entreposé.

Le sol peut être en sable, en herbe, ou les deux.

L'équipement du cavalier

Afin de pratiquer l'équitation en toute sécurité, comme toute pratique sportive, vous devez disposer d'un matériel adapté et à votre taille.

Le casque

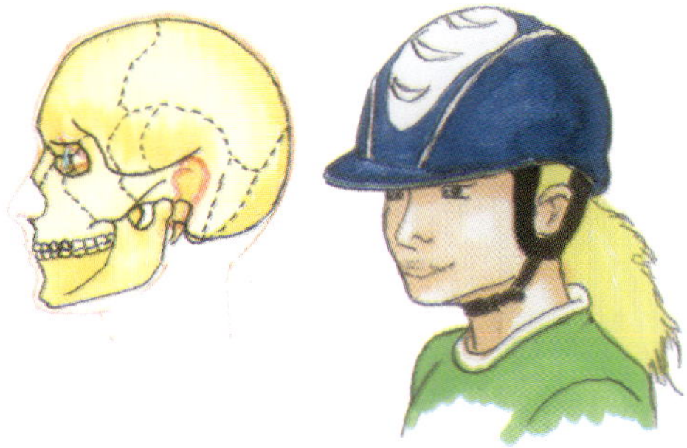

Il protège le crâne et la nuque, et doit être ajusté à votre tête, sangles serrées sans excès.

Son port est obligatoire pour toute activité équestre.

Le protège-dos

Conçu pour protéger le buste du cavalier, il est obligatoire.

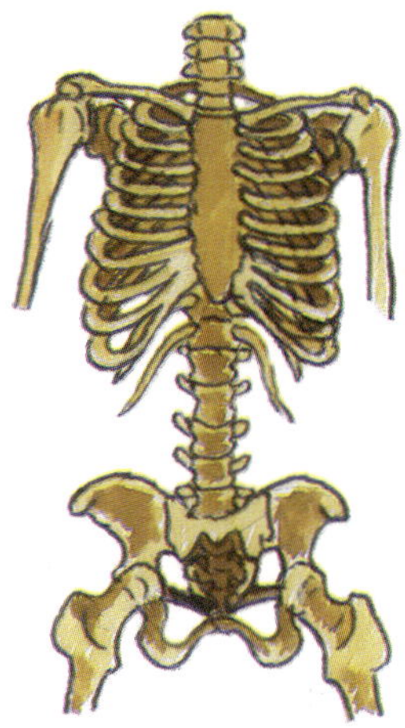

La culotte d'équitation

Elle est spécialement adaptée pour votre confort à cheval. Fabriquée à partir de tissu extensible, ses coutures sont positionnées de façon à ne pas blesser celui qui la porte : pas de risque de brûlure par frottement. Elle est obligatoire en compétition, et fortement conseillée lors des examens fédéraux.

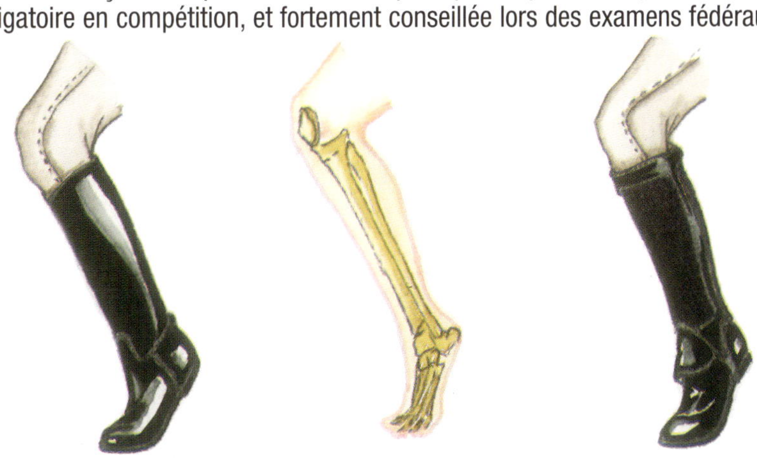

Les bottes

En caoutchouc ou en cuir, elles sont indispensables lorsque vous montez avec étriers pour des raisons de confort et de sécurité : elles empêchent le pied de passer à travers l'étrier.

La tenue d'entraînement

Les **bottines, boots et minichaps** sont une alternative aux bottes. Elles sont faciles et rapides à mettre.

Les **chaps longues** protègent le pantalon.

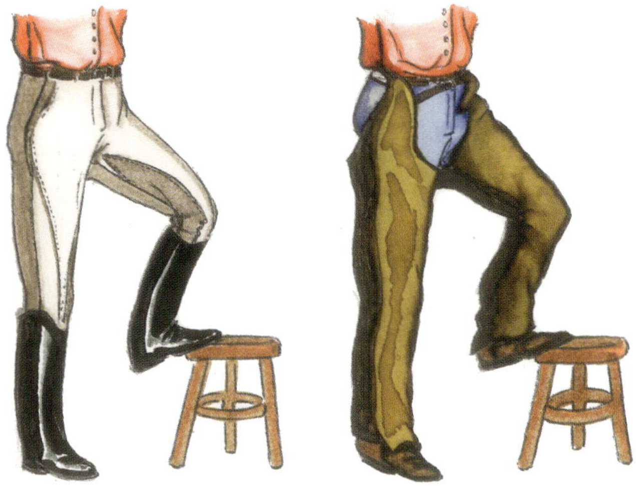

Les gants

En peau ou en tissus, avec ou sans picots, les gants protègent du froid et contribuent au maintien des rênes, de la longe ou des guides.

La cravache

La cravache est une aide artificielle, c'est-à-dire que c'est un matériel supplémentaire qui permet au cavalier de confirmer ou de préciser une demande à sa monture. Ce n'est pas un outil punitif.

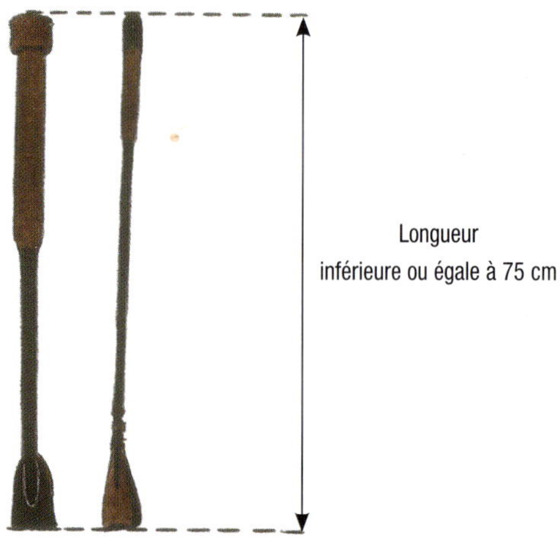

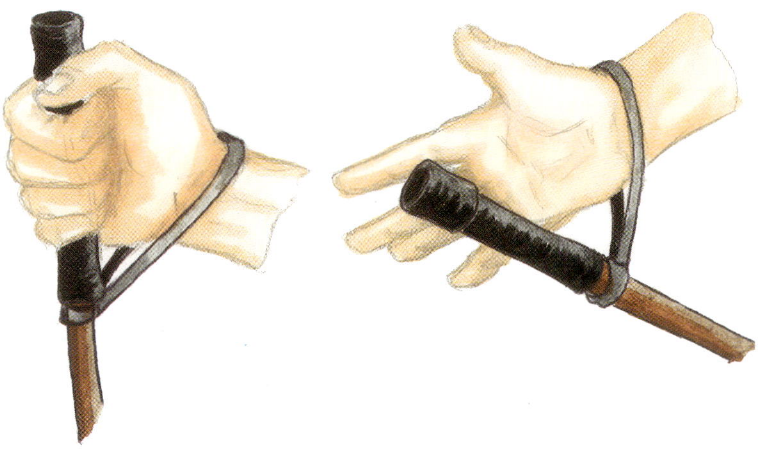

La cravache se tient le long de l'épaule du cheval, languette vers le bas. Elle est utilisée avec à-propos et sans brutalité.

Elle peut être munie d'une dragonne qui vous évite de la laisser tomber au sol si vous ouvrez les doigts.

Les robes

On appelle ROBE l'ensemble des couleurs du poil et des crins du cheval ou du poney.

Depuis l'année 2000, la nomenclature des robes a été modifiée par les haras nationaux.

Une robe est identifiée par sa ROBE DE BASE, obligatoire et unique, et éventuellement par la présence de PANACHURES (compléments en poils blancs ou tachetés) et/ou ADJONCTIONS (mélange et/ou épis).

Ainsi, vous raisonnez en terme de FAMILLE DE ROBE, à savoir les familles des ALEZANS, NOIRS, BAIS et AUTRES.

Les robes de base

LA FAMILLE DES ALEZANS

Les poils, les crins et les extrémités sont fauves, plus ou moins foncés, les yeux sont foncés.

Alezan (peau assez claire)

Alezan cuivré (peau assez claire)

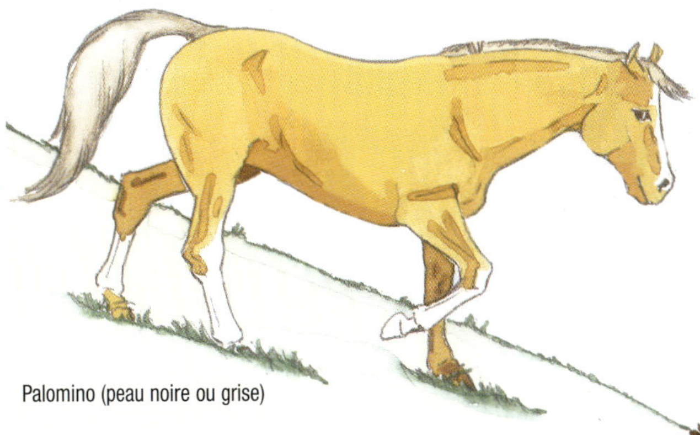

Palomino (peau noire ou grise)

Café au lait (peau claire)

Alezan brûlé (peau noire)

LA FAMILLE DES NOIRS

Les poils, crins, peau et extrémités sont noirs, yeux foncés.

Noir

Noir Pangaré : les poils sont fauves autour des naseaux, des grassets, en face interne des cuisses et sous le ventre. Tout le reste est noir.

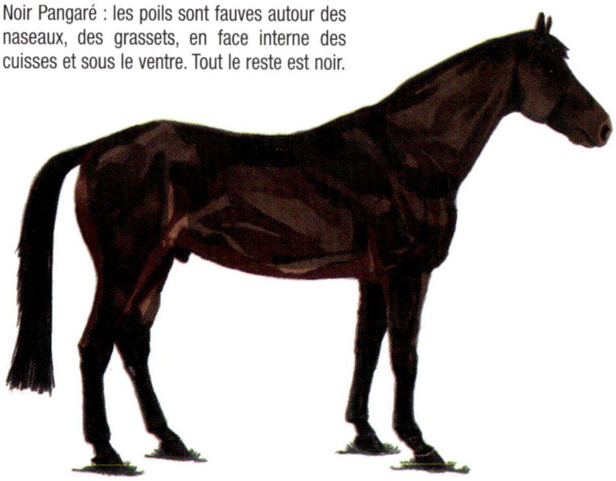

LA FAMILLE DES BAIS

Les poils sont gris ou fauves plus ou moins foncés, mais les crins, la peau et les extrémités sont noirs. Les yeux sont foncés.

Bai

Bai foncé

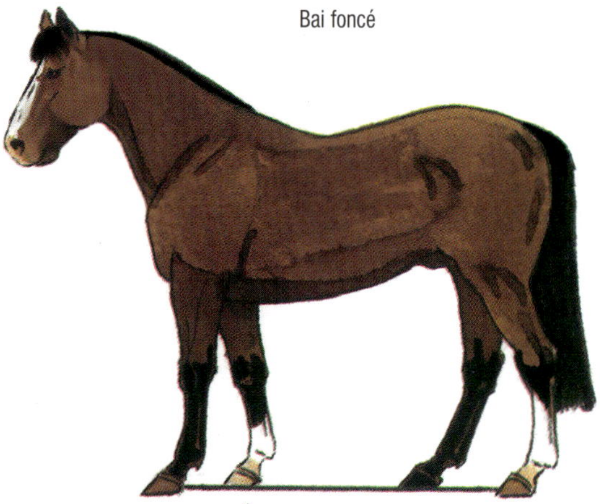

Bai Cerise

Souris

Isabelle

LA FAMILLE DES AUTRES

BLANC : poils, crins et extrémités blancs, la peau est rose, les yeux sont foncés.

CREME : poils crèmes, crins blancs (Cremello) ou grisatres (Perlino), peau rose et yeux clairs.

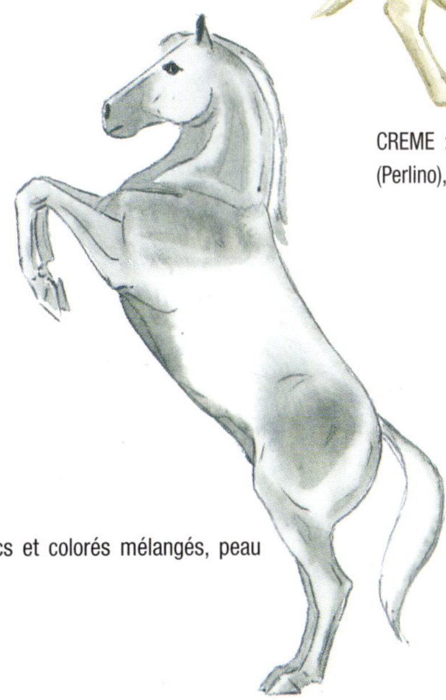

GRIS : poils, crins et extrémités blancs et colorés mélangés, peau noire, yeux foncés.

CHOCOLAT : poils, crins et extrémités chocolat noir. Peau et yeux foncés.

GRIS TRUITÉ : poils et crins blancs agrémentés de petites taches foncées, peau noire, yeux foncés.

Ce nouveau principe de classement des robes présente l'avantage de réaliser l'identification du poulain sous la mère ou du cheval vieillissant : le lippizzan naît noir avant de devenir blanc, le cheval gris souris devient également blanc au fur et à mesure des années qui passent...

Les mélanges

Ce sont des robes qui présentent des poils noirs ou blancs mélangés à la robe de base, ou qui arborent des plaques de couleurs dont obligatoirement du blanc.

Bai mélangé (rouan) : poils fauves mélangés aux poils blancs et noirs

Alezan granité (aubère) : poils fauves mélangés aux poils blancs

Isabelle fumé (louvet) : poils jaunâtres mélangés aux poils noirs

Pie ovéro : tête majoritairement blanche, membres souvent colorés, pas de blanc sur la ligne du dessus, contours du blanc irrégulier.

Alezan Pie tobiano : tête majoritairement colorée, membres souvent blancs, au moins une plage blanche sur la ligne du dessus. Contours nets des couleurs.

Noir pie tobiano

Pie sabino : tête majoritairement blanche, contour du blanc très mélangé, irrégulier et déchiqueté.

Gris pommelé : poils plus clairs que la robe de base grise, en forme de pommes dont le centre est plus clair que le contour.

Pour déterminer avec précision la couleur de la robe, vous devez prendre en compte :

- la couleur des poils,

- la couleur des extrémités (crinière, queue et bas des membres),

- la couleur de la peau (sur tout le corps),

- et la couleur des yeux.

Il existe donc trois grandes familles de robes de base : famille du noir, famille du bai et famille de l'alezan, auxquelles s'ajoute une famille complémentaire appelée famille des autres.

Les parties extérieures

La masse du cheval ou du poney est composée de trois parties principales :

- l'avant-main ;
- le corps ;
- l'arrière-main.

Lorsque vous êtes en selle, vous pouvez considérer que l'avant-main de votre monture est devant vous, son corps sous vous, et son arrière-main derrière vous.

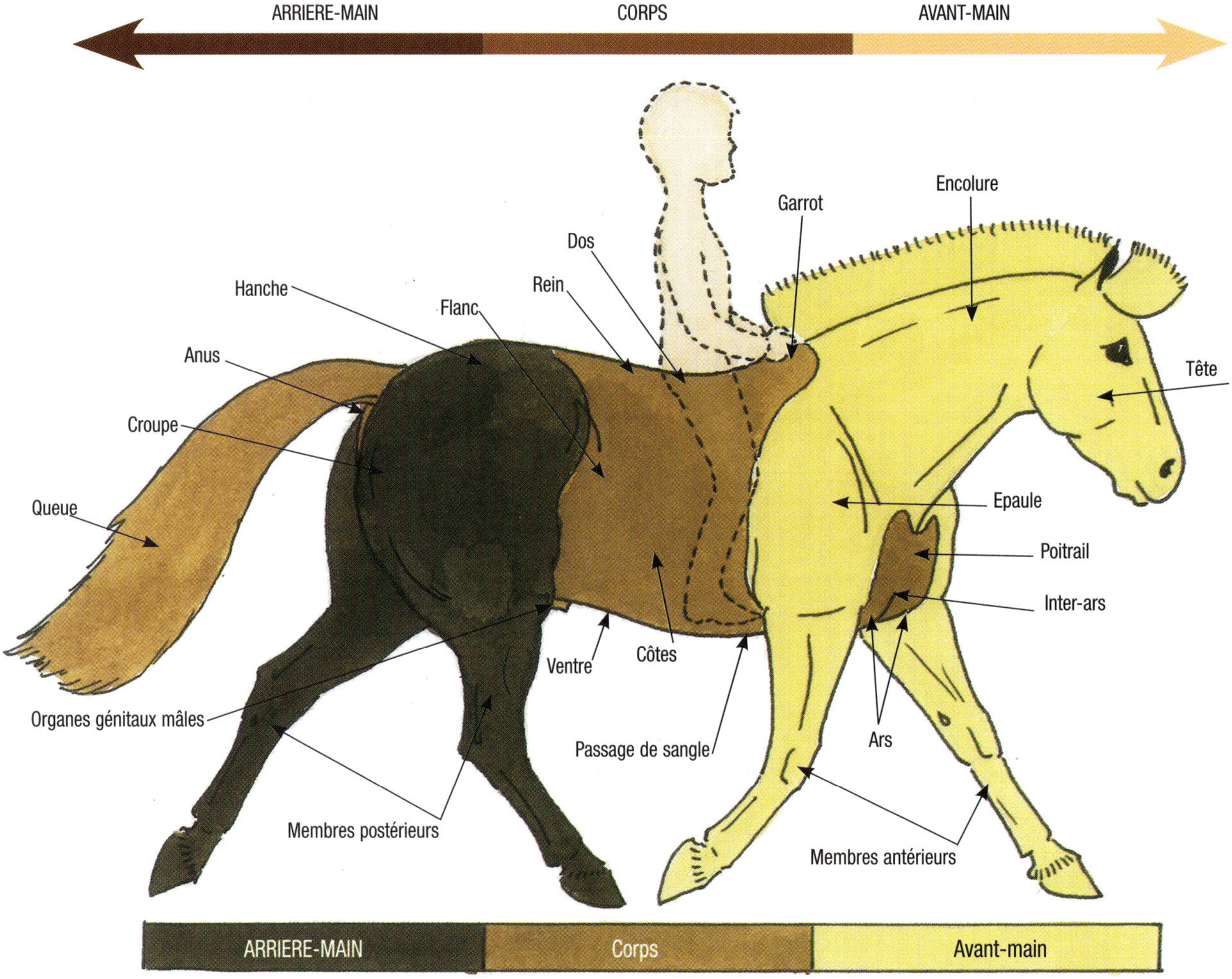

Aborder

Le cheval ou le poney est une proie, il est d'un naturel méfiant. Toute surprise déclenche chez lui son instinct de fuite. C'est pour cela que vous devez veiller à ne pas l'aborder sans l'avoir prévenu au préalable, en gestes et paroles.

Prévenez-le avant de le toucher, s'il ne vous voit pas venir à lui. Appelez-le par son nom pour attirer son attention, et abordez-le franchement en évitant tout geste brusque en tendant la main, paume vers le ciel.

Vous l'abordez le plus souvent à sa gauche, puisqu'il est plus familiarisé à l'être de ce côté.

Une friandise peut être utilisée, car le cheval est gourmand et associe récompense et obéissance.

Par son attitude, le cheval vous renseigne sur son humeur vis-à-vis de vous.

Le langage des oreilles

Les oreilles du cheval ou du poney sont très mobiles et traduisent son état d'esprit quant à chaque situation.

Oreilles pointées franchement en avant et nuque soutenue, il est attentif, vous êtes franc

Oreilles pointées franchement en avant et nuque fléchie, il est confiant, vous l'êtes aussi.

Oreilles couchées en arrière, et naseaux pincés, il est méfiant, vous devez être prudent.

Le langage de la croupe et de la queue

En adoptant certaines attitudes avec sa croupe et en portant sa queue de diverses manières, il précise son humeur.

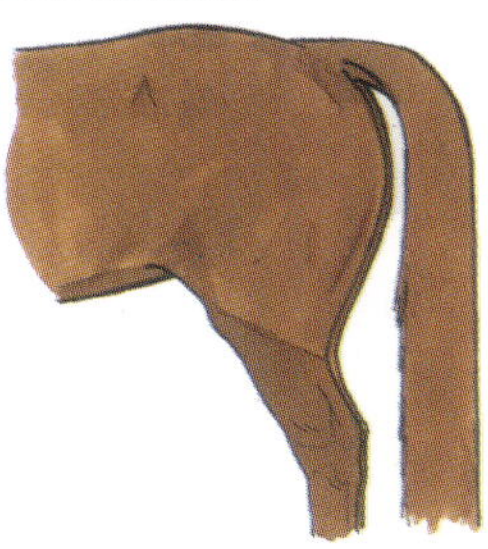

Croupe dans l'axe du corps et queue portée naturellement, le cheval ou le poney est serein, vous l'abordez en sécurité.

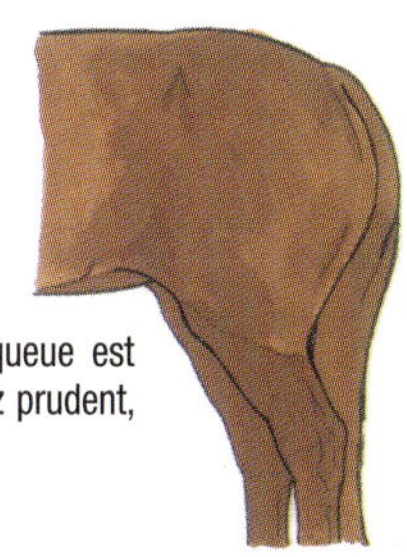

La croupe est contractée, le rein est voussé et la queue est plaquée contre les fesses, il est craintif, inquiet : soyez prudent, lent et doux.

En box, en stabulation libre, au paddock ou au pré

Prévenez-le en parlant ou par des appels de langue avant d'ouvrir la porte. Attendez qu'il oriente son corps et qu'il vienne vers vous puis entrez et caressez sa tête en vous rapprochant.

En stalle

Prévenez-le en parlant ou par des appels de langue puisqu'il vous tourne le dos, puis posez la main sur sa croupe et poussez-la vers la droite afin d'avancer et de remonter jusqu'à sa tête en le caressant le long du corps.

Mettre le licol

Equipé d'une longe reliée par un mousqueton, c'est le harnachement le plus simple destiné à l'attache et au déplacement en main du cheval ou du poney.

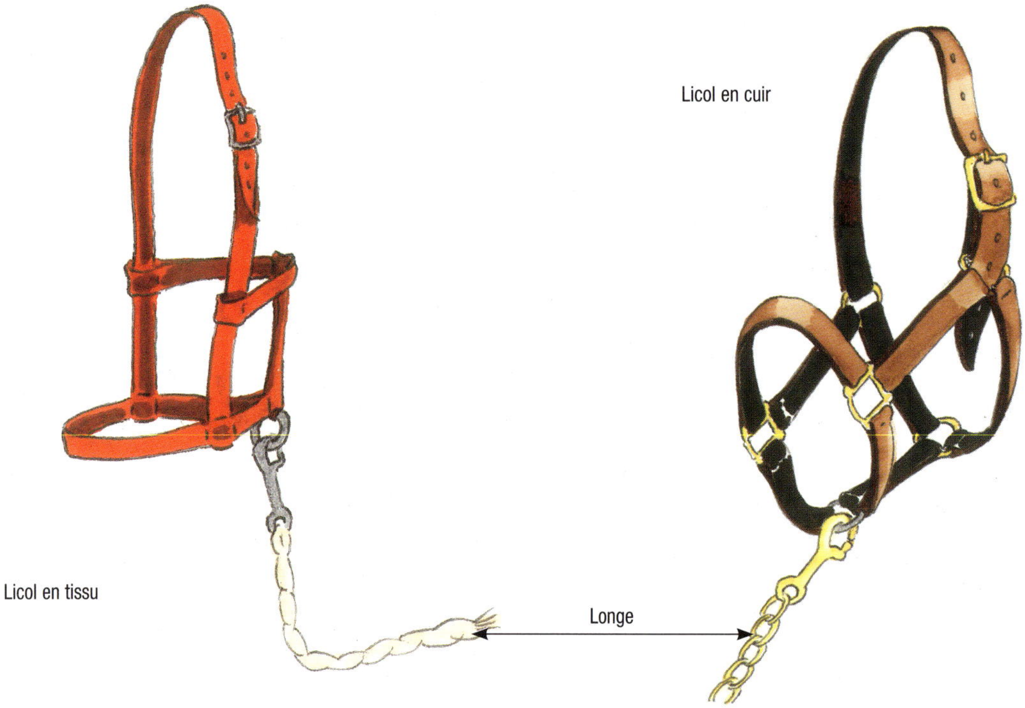

Mettre le licol

Placez-vous à la gauche de la tête, votre épaule droite contre celle du cheval ou du poney.

Vérifiez que la boucle est défaite pour introduire facilement le bout du nez.

Faites passer la grande lanière derrière les oreilles et ramenez-la pour boucler.

N'enroulez jamais la longe autour de votre poignet.

Attacher

Pour sortir le cheval ou le poney, quel que soit l'hébergement, veillez à ouvrir la porte en grand, ne tirez pas sur la longe et encouragez-le d'appels de langue. S'il est hébergé avec d'autres compagnons, n'oubliez pas de refermer correctement la porte.

Pour le sortir de la stalle, faites-le reculer en appuyant sur son épaule gauche et en l'incitant de vos appels de langue. Laissez-le reculer à son rythme, ne le bousculez pas.

Dirigez-vous vers l'un des anneaux d'attache qui sont régulièrement scellés à l'extérieur.

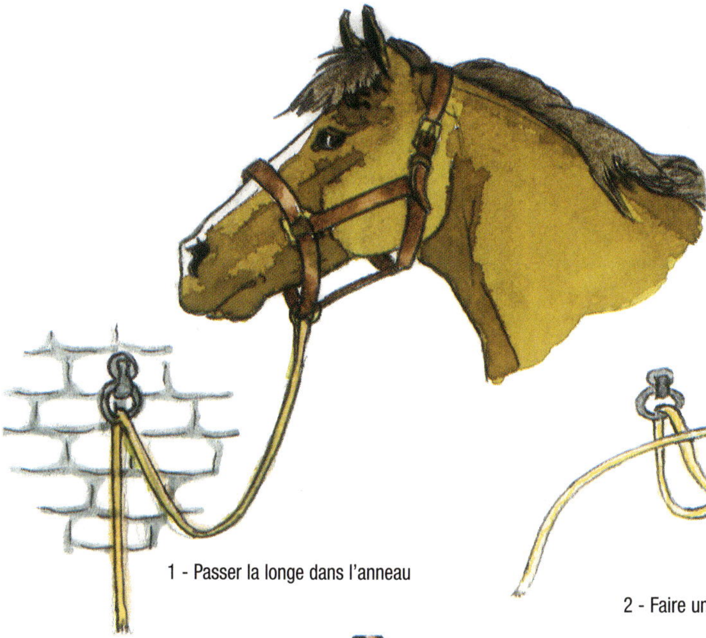

1 - Passer la longe dans l'anneau

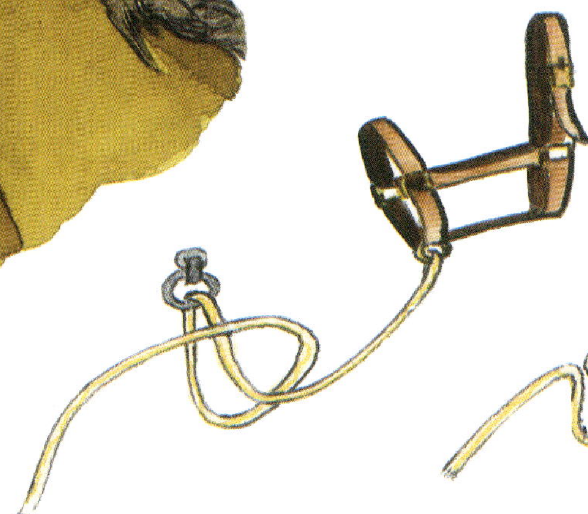

2 - Faire une première boucle

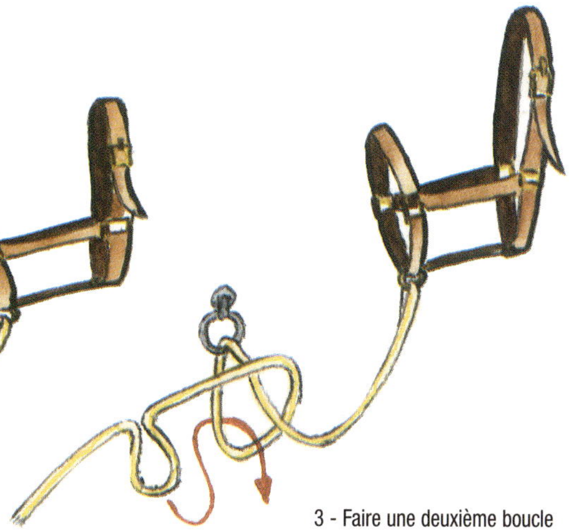

3 - Faire une deuxième boucle que vous enfilez dans la première

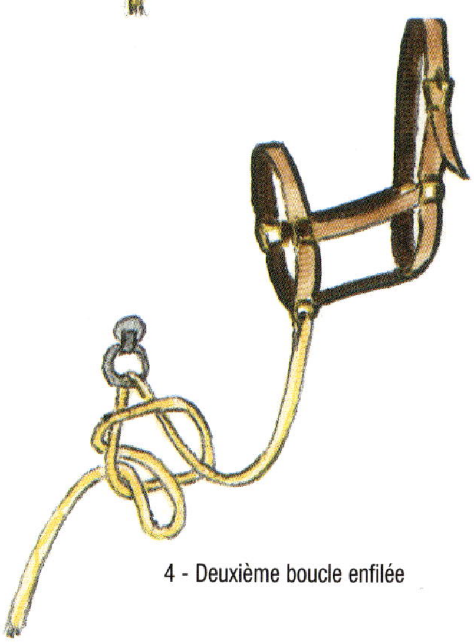

4 - Deuxième boucle enfilée

La longueur d'attache est d'environ 80 cm.

Si la longe est trop longue, le cheval ou le poney peut :

- passer sa tête en dessous, prendre peur en la relevant car il se sent dans une posture anormale, et tente de se libérer en se débattant ;

- passer un membre par-dessus, et réagir violemment pour les mêmes raisons, c'est ce que l'on appelle « une prise de longe ».

Si la longe est trop courte, il se sent prisonnier et s'efforce de se libérer.

5 - Tirer vers la tête pour serrer le nœud

6 - Tirer vers le sol pour défaire le nœud

Ces réactions vives se traduisent généralement par un brusque et violent rejet de tout le corps du cheval ou du poney en arrière, ce que l'on appelle « tirer au renard ».

Le nœud de sécurité qui vous est présenté permet de libérer immédiatement le cheval ou le poney apeuré en tirant d'un coup sec sur le brin de longe libre qui pend vers le sol.

Le pansage élémentaire

Le pansage est à la fois un nettoyage et un massage indispensables à l'entretien physique et moral du cheval ou du poney. C'est aussi LE temps privilégié pendant lequel vous renforcez votre complicité.

Le matériel de pansage élémentaire

L'ÉTRILLE

En fer ou en caoutchouc, elle ne s'utilise que sur les parties charnues dont elle décolle en profondeur les saletés.

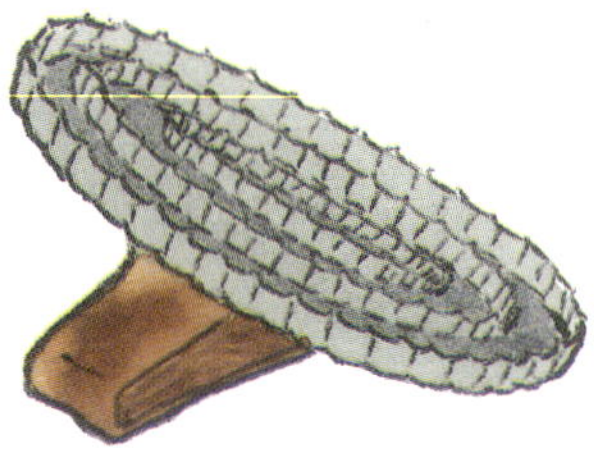

Etrille en métal

Etrille en caoutchouc

LE BOUCHON

Brosse dure en chiendent ou fibres synthétiques, il s'utilise sur l'ensemble du corps exceptés les yeux, les naseaux, les lèvres, les organes génitaux et l'anus. Il enlève la majeure partie des saletés décollées par l'étrille.

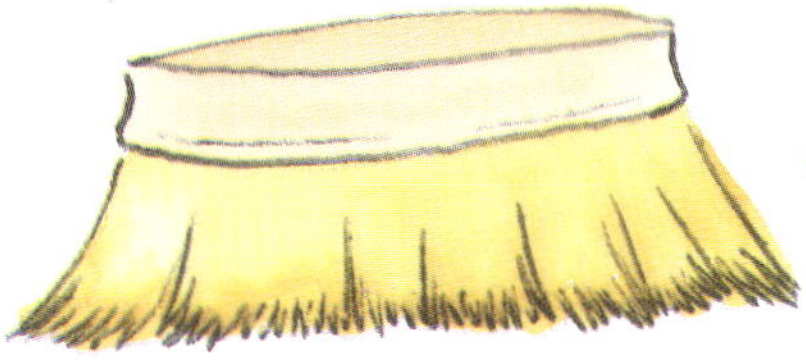

Jaune paille : bouchons en chiendent

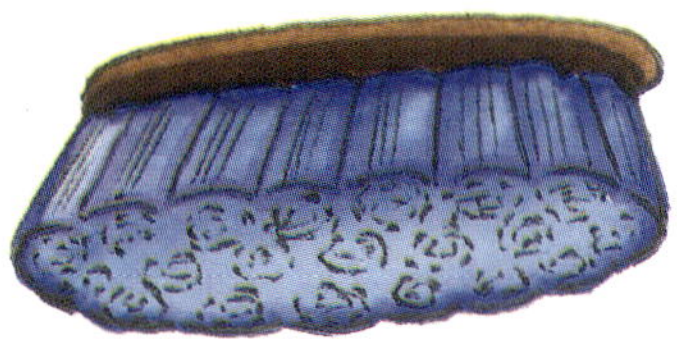

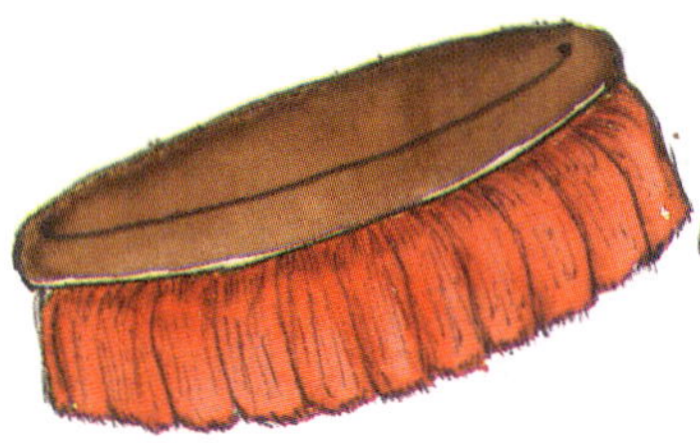

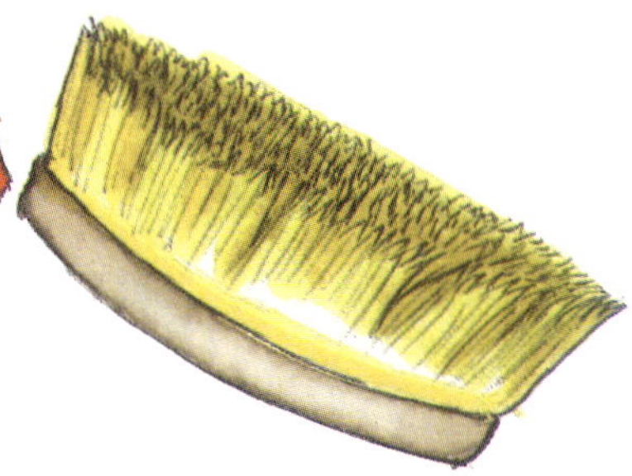

Rouge et bleu (d'autres couleurs sont possibles) : bouchons en poils de nylon

Faire un pansage élémentaire

Il est préférable, excepté le curage des pieds, de prodiguer le pansage à l'extérieur de l'hébergement.

Etriller

Vous n'employez l'étrille que sur les parties charnues à rebrousse-poil et en exécutant de larges mouvements circulaires sans appuyer exagérément, mais vigoureusement.

Elles sont signalées en gris clair sur cette illustration.

Frappez régulièrement votre étrille au sol pour la débarrasser des saletés qu'elle a décollées.

Les traces laissées au sol s'appellent des « *témoins* ». Ils témoignent en effet de l'efficacité de votre travail. Une quinzaine de témoins est bienvenue.

BROSSER OU PASSER LE BOUCHON

Vous passez le bouchon dans le sens inverse du poil pour récolter la saleté décollée, vous le nettoyez contre l'étrille que vous prenez dans l'autre main. Vous nettoyez cette dernière en la frappant à nouveau au sol.

Puis vous passez le bouchon dans le sens du poil, sur toutes les parties extérieures du cheval ou du poney.

Vous démêlez toupet, crinière et queue pour les débarrasser de la paille et des saletés, et les mettre en ordre.

Amener en main

C'est la première action de conduite du cheval ou du poney avant de le diriger monté. En licol ou en filet, vous devez respecter une attitude adaptée.

Amener en licol en main

Placez-vous à gauche à hauteur ou devant le cheval ou le poney sans vous laisser dépasser, le corps dans la direction de la marche.

Tenez la longe dans la main droite à environ 50 cm de sa bouche, et contrôlez le brin restant de la main gauche.

Avancez franchement en l'encourageant d'un appel de langue si besoin est.

Amener en filet en main sur le terrain

Le cheval ou le poney étant bridé, faites passer les rênes par-dessus l'encolure et sa tête.

Tenez les deux rênes dans la main droite, l'index les séparant, à une vingtaine de centimètres de sa bouche. Vous contrôlez le flot des rênes restant en le tenant de la main gauche, pour qu'il ne traîne pas au sol et ainsi éviter que le cheval ou vous-même ne marchez dessus.

Placez-vous à hauteur de l'épaule gauche du cheval ou du poney sans vous laisser dépasser ni le laisser trop derrière vous, le corps orienté dans la direction de la marche. Dépliez légèrement le bras droit vers lui pour l'empêcher de trop se rapprocher et risquer ainsi de vous marcher sur le pied par inadvertance.

Conservez une distance de sécurité d'environ 2,50 m avec le couple qui vous précède (soit la longueur d'un cheval).

S'il est sellé, remontez les étriers pour qu'ils ne frappent pas les flancs lors de la marche.

S'il refuse d'avancer, déplacez sa tête à droite ou à gauche en simulant un changement de direction. Demandez de l'aide s'il s'obstine.

Ne tirez pas sur les rênes, vous obtiendriez l'effet opposé : il reculera ou se défendra.

Règles de sécurité

Entrer dans un manège ou une carrière

Assurez-vous que personne ne se trouve sur la piste avant de pénétrer dans l'aire de travail. S'il y a des couples, demandez l'autorisation de rentrer, prenez soin d'ouvrir la porte en grand et de la refermer dès que vous êtes dans l'enceinte.

Placez-vous sur la ligne du milieu à environ 4 mètres des couples voisins.

Si votre cheval est sellé, vérifiez le sanglage, descendez les deux étriers et réglez la longueur des étrivières.

En reprise

Voici quelques modes d'évolution fréquemment adoptés lorsque vous êtes en reprise, c'est-à-dire en un groupe constitué de plusieurs couples.

Dans une aire de travail fermée, la priorité est laissée au couple qui évolue piste à main droite.

La reprise formée

Vous devez évoluer les uns derrière les autres dans un ordre imposé par l'enseignant.

Vous devez conserver, quelle que soit l'allure, une distance de sécurité minimale égale à la longueur d'un cheval imaginaire avec le couple qui vous précède. Ne vous laissez pas distancer pour autant : l'instinct grégaire de votre monture la pousse à rejoindre au plus vite ses congénères...

Si le couple qui vous précède vous gène, dites-le lui puis signalez-le à l'enseignant. Ne prenez jamais l'initiative de le doubler sans autorisation.

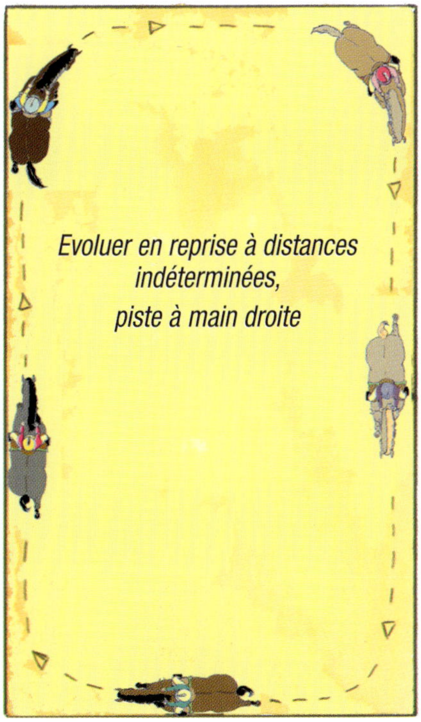

La reprise à distances indéterminées

Chaque couple évolue individuellement sur la piste à égale distance les uns des autres, en se répartissant dans l'enceinte.

La reprise libre

Chaque couple évolue individuellement sur la piste en respectant les autres cavaliers et les priorités.

Quelques définitions

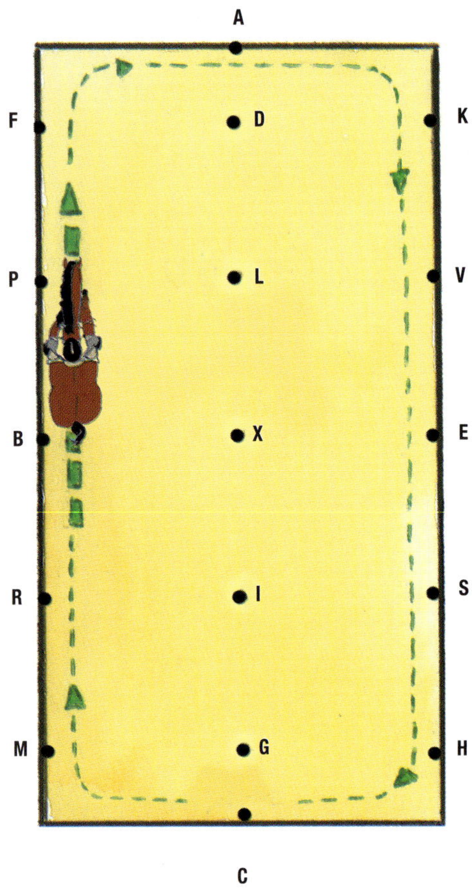

La piste

C'est le chemin qui longe le pourtour du manège ou de la carrière.

On dit que l'on est piste à main droite lorsque la main droite du cavalier est du côté intérieur à l'enceinte, et que l'on est piste à main gauche lorsque sa main gauche est du côté intérieur.

La ligne du milieu

C'est la ligne qui coupe le manège ou la carrière en son milieu et en deux parties égales dans la longueur.

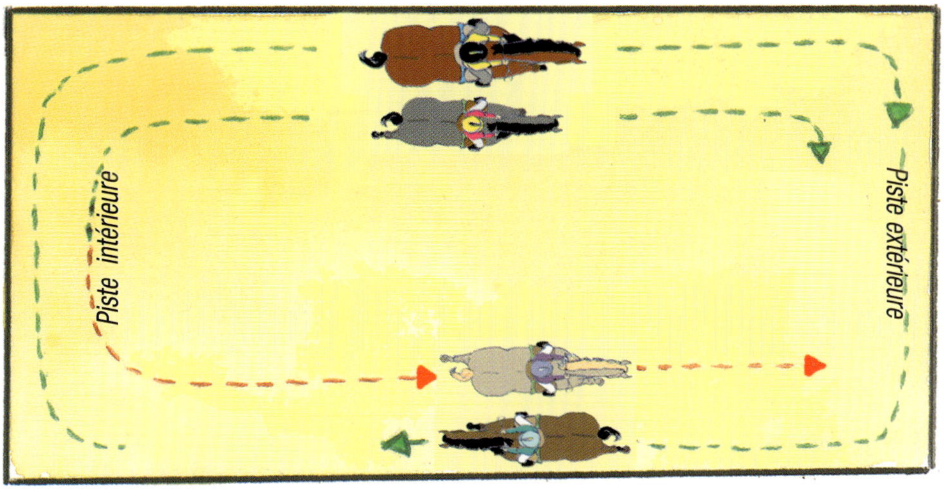

L'INTÉRIEUR

Si vous marchez piste à main gauche, votre main et votre jambe gauches seront appelées main et jambe intérieures.

L'EXTÉRIEUR

Si vous marchez piste à main gauche, votre main et votre jambe droites seront appelées main et jambe extérieures, car positionnées du côté du pare-botte ou de la lice.

A allure égale, c'est le couple qui évolue à main droite qui est prioritaire. Vous devez lui céder le passage en vous décalant sur une piste intérieure. Attention, plus l'allure est vive, plus vous devez anticiper votre changement de piste, pour ne pas gêner l'autre couple.

extérieur

Sauter à cheval ou à poney

Cette façon de monter s'utilise lorsque le cheval ou le poney n'est pas sellé, mais peut aussi faire l'objet d'un exercice pédagogique.

Pour sauter à cheval ou à poney, placez-vous à hauteur de son épaule gauche, ajustez les deux rênes à plat (la rêne droite légèrement plus courte pour éviter que votre monture ne rapproche sa bouche de vous) dans la main gauche que vous posez juste en avant du garrot.

Placez votre main droite à plat sur le garrot (ou le pommeau), rapprochez-vous, fléchissez les deux jambes pour, d'une vigoureuse extension, vous hisser sur les deux bras.

Vous êtes en équilibre, bras tendus, sur vos mains.

Penchez le buste légèrement vers l'avant et l'encolure pour passer la jambe droite par-dessus la croupe sans la toucher.

Asseyez-vous avec légèreté, redressez-vous et prenez une rêne dans chaque main.

Si votre monture est sellée, vérifiez encore le sanglage.

Descendre (mettre pied à terre)

Votre monture doit être à l'arrêt, parfaitement immobile.

Si vous montez avec une selle :

- déchaussez les deux étriers ;
- prenez les deux rênes ajustées dans la main gauche ;
- posez vos deux mains sur le pommeau et prenez appui sur vos bras tendus en vous penchant en avant ;
- faites passer la jambe droite par-dessus la croupe sans la toucher ;
- en position d'appui sur les mains, laissez-vous glisser doucement en pliant les bras jusqu'à ce que vous soyez debout sur le sol.

Remontez les étriers le long des étrivières, desserrez la muserolle et la sangle.

Si vous étiez à cru (sans selle), les mains se posent sur le garrot.

Monter à cheval ou à poney

Pour monter à cheval ou à poney, plusieurs méthodes sont possibles :

- avec avantage, c'est-à-dire à l'aide d'un montoir constitué d'une pierre ou de toute autre surélévation stable ;

- avec un aide. Vous fléchissez le genou gauche pour que l'aide vous soutienne au niveau de la jambe (tibia) et vous propulse vers le haut ;

- avec l'étrier gauche.

Il faut impérativement contrôler le sanglage pour que la selle ne tourne pas lorsque vous prenez appui dans l'étrier, ni qu'elle ne comprime le garrot en bougeant.

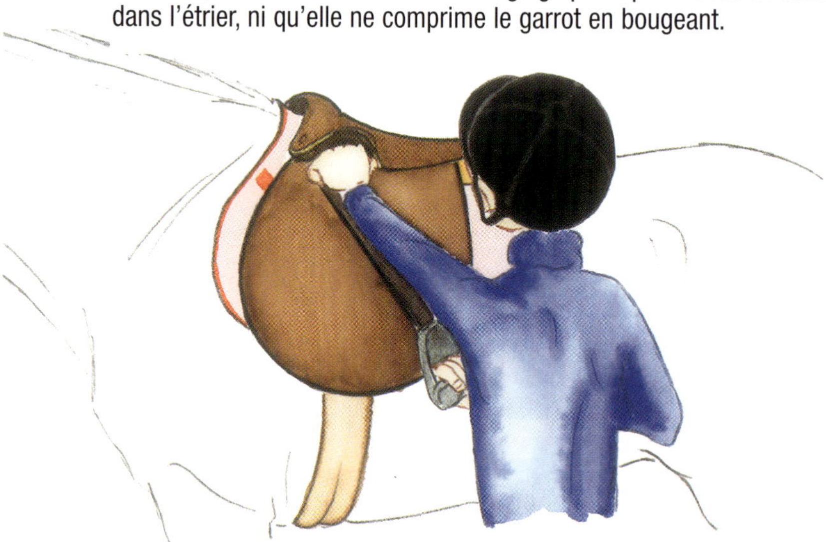

Réglez la longueur de l'étrivière en l'ajustant approximativement à celle de votre bras tendu, poing fermé. La semelle de l'étrier doit se loger dans le creux de l'aisselle, le poing étant sur le couteau porte-étrivière.

Avant de monter, faites la même opération avec l'étrier droit.

Pour monter en selle, placez-vous de profil, votre épaule gauche contre celle de votre monture, donc le regard en direction de la queue.

Ajustez vos deux rênes à plat dans la main gauche en avant du garrot.

Prenez la branche arrière de l'étrier gauche avec la main droite et glissez le pied gauche à fond dans l'étrier en baissant la pointe du pied.

Rapprochez-vous du cheval, genou plié que vous appuyez contre la selle, et prenez le troussequin avec la main droite.

Sautillez sur le pied droit puis prenez une impulsion énergique en appuyant simultanément sur l'étrier gauche et en tirant sur vos deux bras.

Inclinez légèrement le buste vers l'avant et l'encolure pour faire passer votre jambe droite par-dessus la croupe sans la toucher ni accrocher le troussequin que vous avez lâché pour poser la main droite sur le siège.

Asseyez-vous avec légèreté sur le siège, redressez-vous, chaussez correctement l'étrier droit et ajustez vos rênes, une dans chaque main.

Monter en selle paraît complexe au début, mais, en coordonnant vos actions, ce deviendra rapidement une formalité.

Tenue des rênes

Les rênes, lanières de cuir ou de tissus attachées au mors et reliées entre elles par-dessus l'encolure, permettent de communiquer avec le cheval ou le poney. Elles sont le trait d'union entre vos mains et sa bouche.

Deux méthodes de tenue des rênes sont utilisées :

- les deux rênes dans une seule main ;
- une rêne dans chaque main.

Ajuster les rênes

Quelle que soit la méthode choisie, vous devez vous efforcer d'avoir un contact moelleux et léger avec la bouche du cheval pour le diriger et contrôler efficacement sa vitesse.

C'est en conservant le haut du corps tonique mais souple, les bras libres, coudes à demi ployés, mains dans le prolongement de l'avant-bras et pouces en dessus, que vous obtenez une bonne qualité de contact. La rêne, qui vient du mors, entre dans la main par la paume et sort pincée entre le pouce et l'index.

Les deux rênes dans une main

Manière classique, tenue des rênes en main gauche par exemple

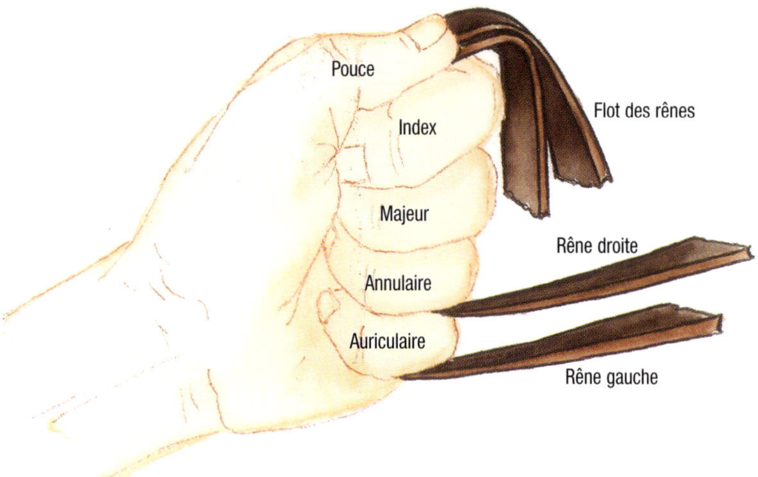

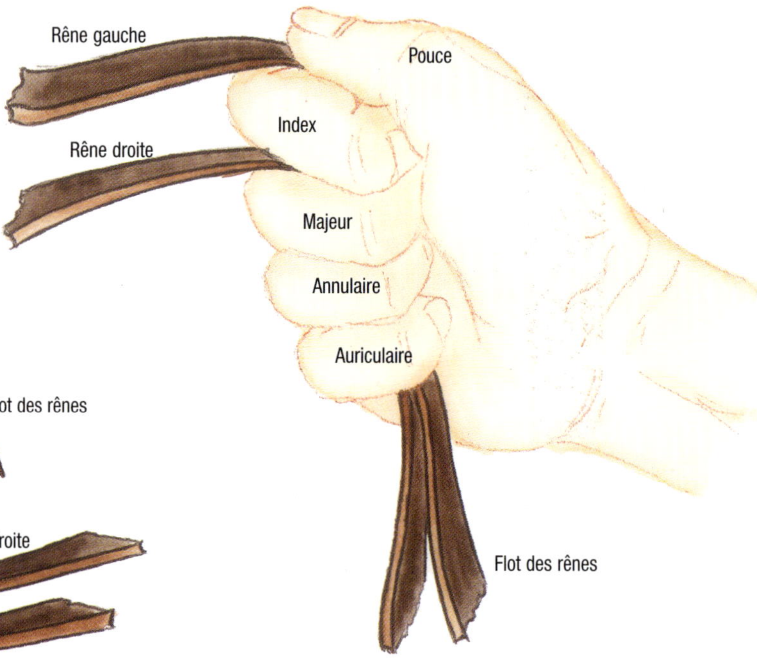

Manière camargaise, tenue des rênes en main droite, par exemple

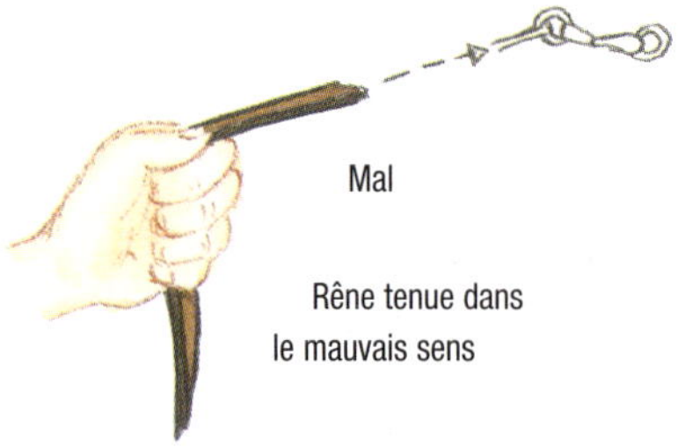

Rêne tenue dans le mauvais sens

Mal

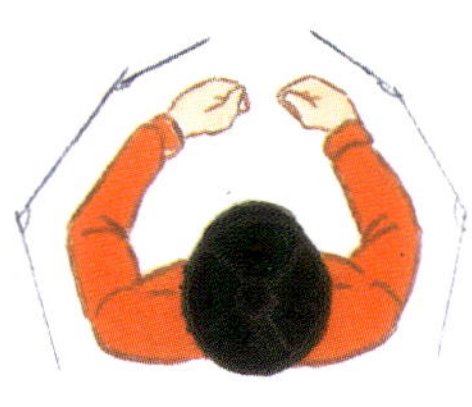

Coudes écartés, poignets cassés en dedans

Bien

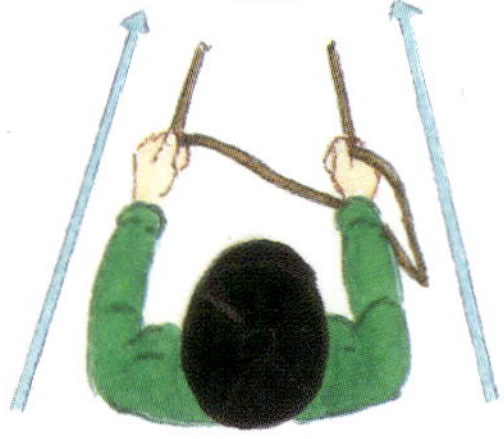

Alignement parfait avant-bras/poignet/rêne

Mal

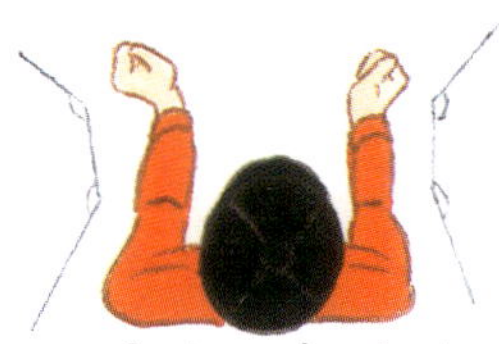

Coudes serrés, poignets cassés en dehors

Une rêne dans chaque main

En main gauche

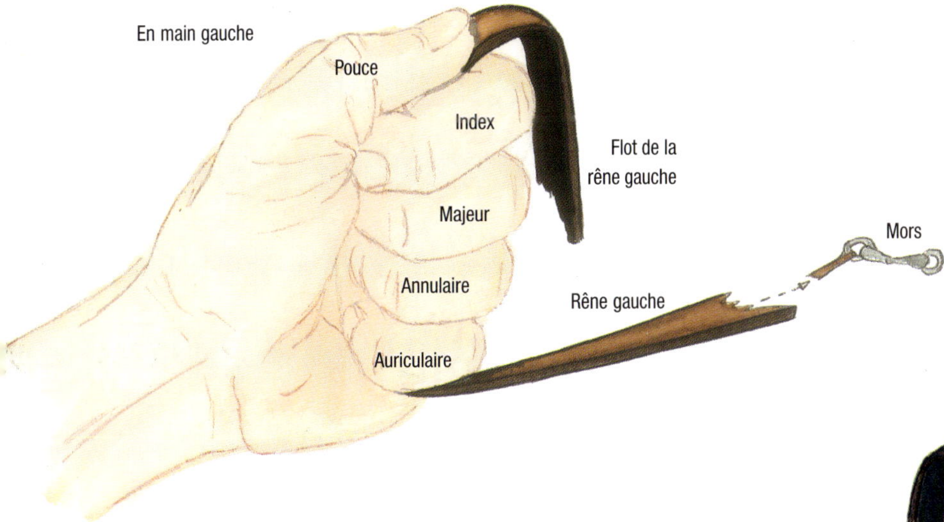

Le pouce et l'index forment une pince qui agit en frein et permet ainsi au cavalier de contrôler la longueur de la rêne et de ne pas la laisser se rallonger inopportunément.

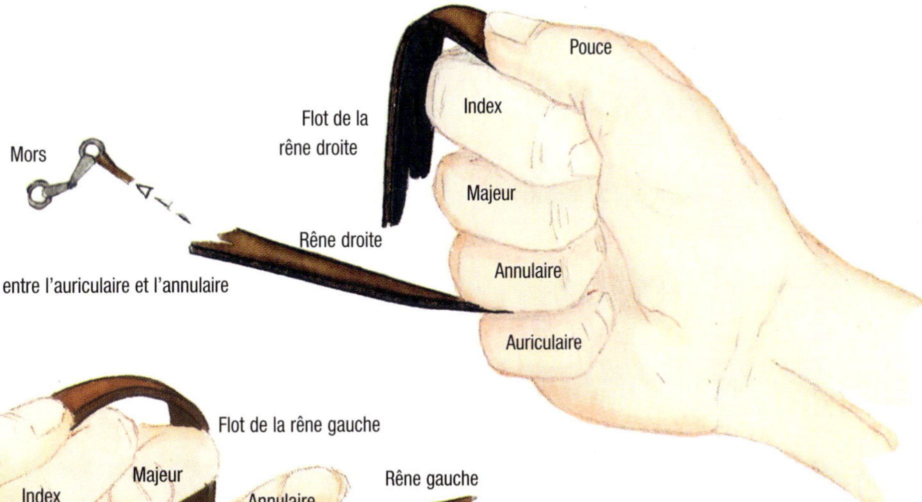

En main droite, rêne passant entre l'auriculaire et l'annulaire

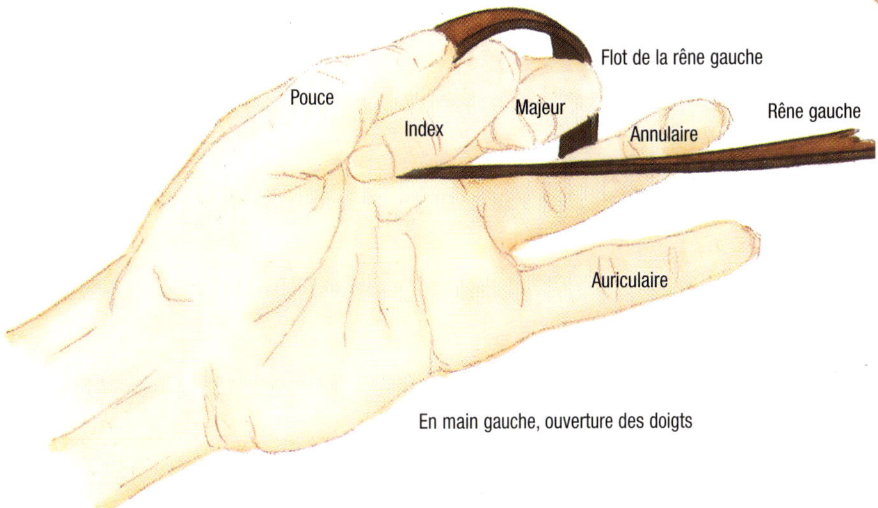

En main gauche, ouverture des doigts

Bien

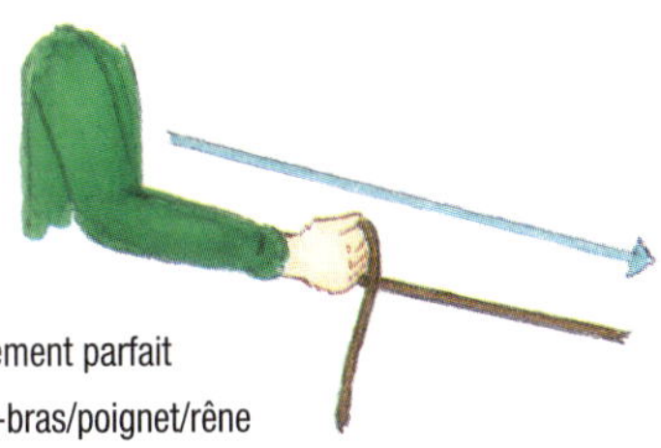

Alignement parfait avant-bras/poignet/rêne

Mal

Coude trop fléchi, poignet cassé vers le haut

Mal

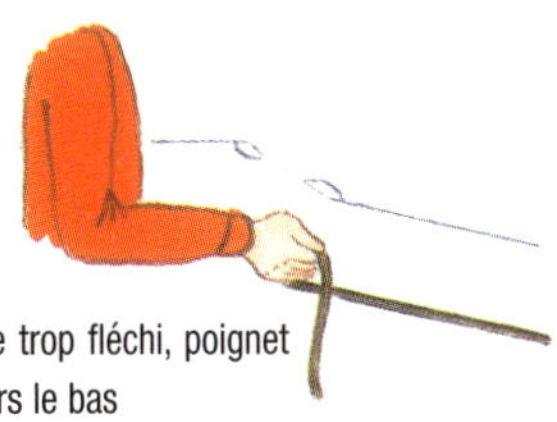

Coude trop fléchi, poignet cassé vers le bas

Les équilibres du cavalier

On distingue trois familles d'équilibre :
- assis dans la selle - en appui sur les étriers - au trot enlevé.

Quel que soit l'équilibre dans lequel vous fonctionnez, vous devrez le **découvrir**, l'**expérimenter** puis le **stabiliser** pour pouvoir l'**utiliser** à travers le déplacement de votre poids du corps.

L'équilibre assis

C'est la position de base du cavalier à cheval.

Bien assis d'aplomb, le poids du corps est réparti sur les deux fesses, le haut du corps tonique, souple et droit, les jambes tombant naturellement, la pointe de pied naturellement vers le bas lorsque vous êtes sans étrier, le talon plus bas que la pointe du pied lorsque l'étrier est chaussé.

Cette attitude vous permet d'amortir, de suivre et d'accompagner les mouvements de votre monture.

L'équilibre assis :
Le haut du corps repose sur les fesses,
Le bas du corps repose sur les étriers.

L'équilibre sur les étriers

Le maintien de cet équilibre est obtenu par :

- le jeu des articulations inférieures, hanches, genoux et chevilles, qui amortissent les mouvements de la monture ;
- la légère inclinaison du buste vers l'avant, le regard droit ;
- les mains qui restent en contact avec la base de l'encolure sans s'y appuyer, les rênes étant ajustées plus courtes.

L'équilibre sur les étriers :
Les haut et bas du corps reposent sur les étriers.

L'orientation des étrivières est le critère de réussite d'évaluation de cet équilibre :

- si vos étrivières restent verticales, vous êtes en équilibre, votre poids du corps passe par vos semelles, perpendiculairement au sol ;
- si elles basculent vers l'avant, votre poids du corps est derrière vos talons, vous retombez dans la selle et tirez sur les rênes ;
- si elles basculent vers l'arrière, votre poids du corps est devant les orteils, vous pivotez sur vos genoux et risquez d'embrasser inopinément l'encolure de votre monture.

Le trot enlevé

Le trot est une allure sautée à deux temps.

Pour augmenter votre confort, vous escamotez un temps sur deux en vous enlevant légèrement de la selle lors d'un poser d'un bipède diagonal sur deux. L'allure est ainsi nettement plus facile à accompagner.

Sur cette illustration, le cavalier trotte enlevé avec le bipède diagonal droit.

Le buste légèrement incliné vers l'avant, proche de l'attitude d'équilibre sur les étriers, vous laissez le dos de votre monture vous enlever de la selle lors d'une battue de bipède diagonal, sans vous déplier totalement, et reprenez le contact avec le siège, près du pommeau, sans vous asseoir au fond de la selle.

Ce sont les oscillations verticales du dos de votre monture qui vous permettent d'alterner ces positions d'équilibre sur les étriers hors et dans la selle (plus ou moins fléchi) sans effort. Continuez à regarder devant vous pour ne pas enrouler vos épaules.

Le mouvement des étrivières et de vos mains sont les critères de réussite d'évaluation de cet équilibre :

Si vos étrivières restent verticales et que vos mains restent à hauteur de la base de l'encolure, vous êtes en équilibre, votre poids du corps passe par vos semelles, perpendiculairement au sol, vous trottez enlevé sobrement et souplement.

Si elles s'écartent puis se rapprochent alternativement du corps de votre monture et que vos mains font un yo-yo vertical, vous vous appuyez trop sur les étriers, et « pompez » dans votre selle de façon saccadée, le corps crispé.

Avancer - Ralentir - S'arrêter

Ce sont les actions liées au contrôle de l'impulsion de votre monture. Afin d'être compris et obéi par votre monture, vous devez lui transmettre des consignes claires, précises et coordonnées.

Avancer

Desserrez les doigts sur les rênes (sauf le pouce et l'index qui contrôlent leurs longueurs) ajustées en même temps que vous agissez avec vos deux jambes par pressions égales et simultanées des mollets puis des talons.

Ralentir, s'arrêter

Resserrez les doigts sur les rênes ajustées sans reculer les coudes et les mains, en même temps que vous redressez le haut du corps en effaçant vos épaules vers l'arrière, les deux jambes restant au contact des flancs.

Dès que votre monture s'arrête, desserrez les doigts sur les rênes sans les lâcher et laissez vos jambes tomber naturellement.

Tourner

Ce sont les actions liées au contrôle de la direction de votre monture. Afin d'être compris et obéi par votre monture, vous devez lui transmettre des consignes claires, précises et coordonnées.

Pour changer de direction :

- ajustez les deux rênes, si besoin est ;
- regardez dans la direction où vous voulez aller en orientant la tête, vos épaules et le buste ;
- maintenez l'impulsion avec vos deux jambes, ou demandez à votre monture d'avancer plus énergiquement si nécessaire.

Orientation du piéton qui tourne vers la droite

Orientation du cavalier qui tourne vers la droite

Desseller

Après avoir mis pied à terre, desserrez la sangle, la muserolle, remontez les étriers, et rentrez votre cheval à l'écurie.

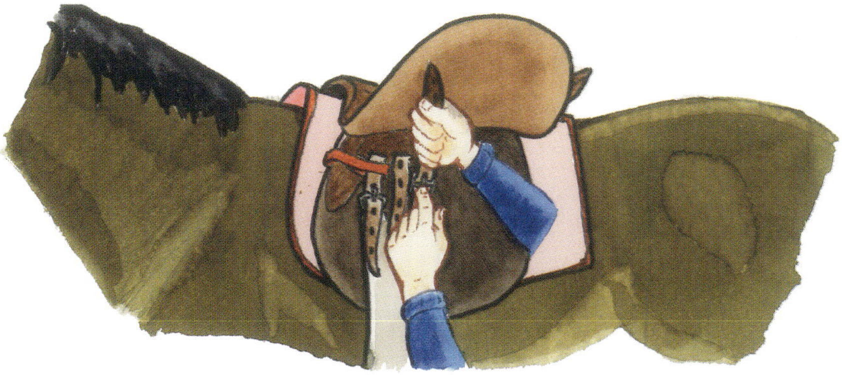

Dessanglez du côté gauche en retenant la sangle dans votre main pour éviter qu'elle ne vienne frapper les membres antérieurs.

Passez du côté droit et posez la sangle sur le siège de la selle.

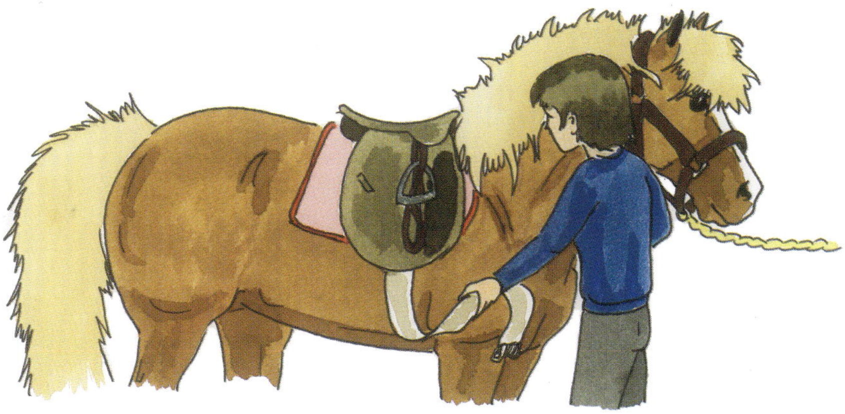

Revenez à gauche et enlevez la selle et le tapis en dégageant le troussequin puis le pommeau.

Posez la selle et son tapis, s'il n'y a pas de porte-selle à proximité, dans un endroit où ils ne risquent ni de blesser, ni d'être abîmés.

Protégez le troussequin de la selle et retournez le tapis pour qu'il sèche plus vite.

Débrider

Attention : ne débridez pas n'importe où pour éviter que votre monture ne se sauve.

Placez-vous à sa gauche et, après avoir attaché la longe, bouclez le licol en collier de chien autour de son encolure.

Débouclez muserolle et sous-gorge.

Faites remonter les rênes jusqu'à la têtière et faites passer l'ensemble par-dessus les oreilles, l'une apès l'autre, la gauche puis la droite.

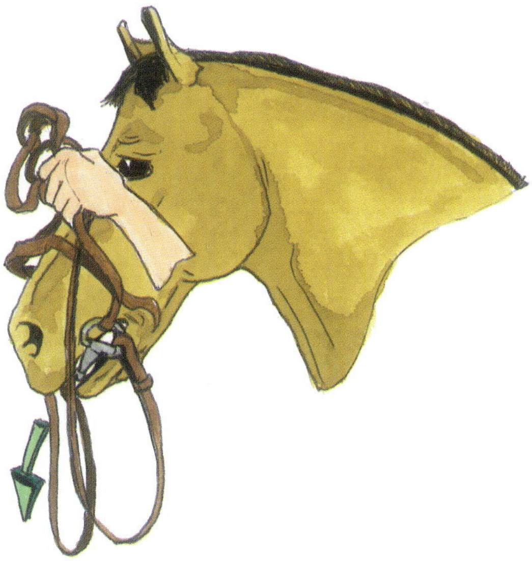

Laissez votre monture ouvrir d'elle-même la bouche pour libérer le mors. Ne tirez pas pour éviter que le mors ne heurte les dents.

Particularités des robes

Le signalement du cheval ou du poney se fait par sa robe, mais également par les particularités qu'elle arbore. Ces particularités se localisent sur la tête, le corps et les membres.

Les marques blanches sur les membres

Elles sont appelées balzanes, et varient selon leur hauteur et leur forme. En voici une présentation classée de la plus petite à la plus grande. Un cheval ou un poney peut présenter aucune, ou une à quatre balzanes. La balzane peut être herminée ou bordée.

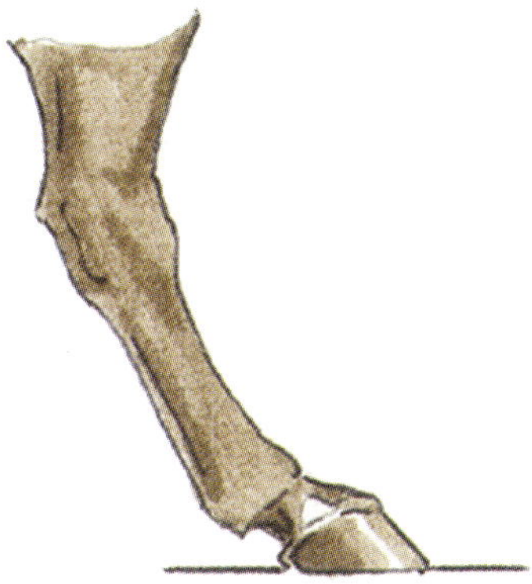

Trace de balzane

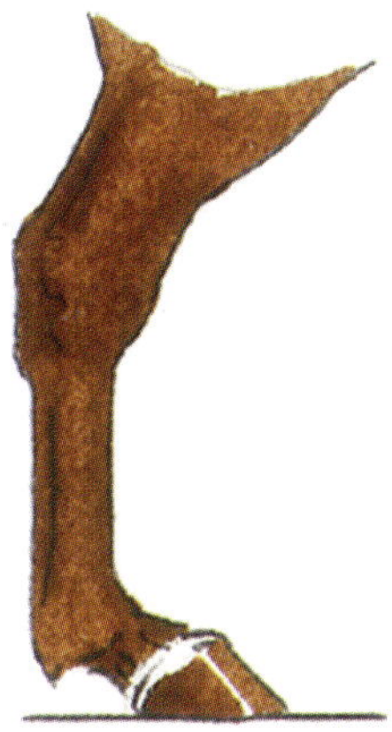

Principe de balzane

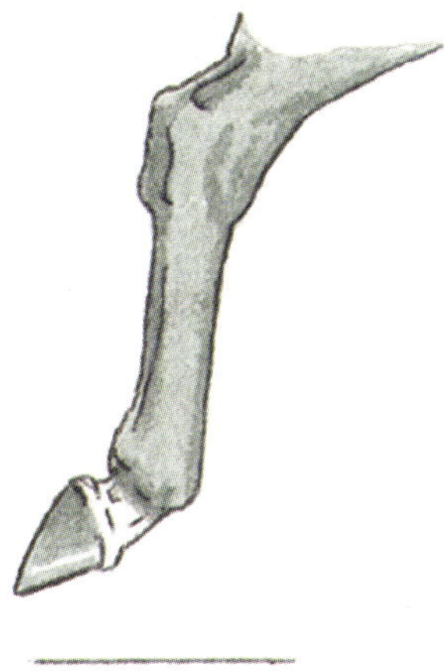

Petite balzane

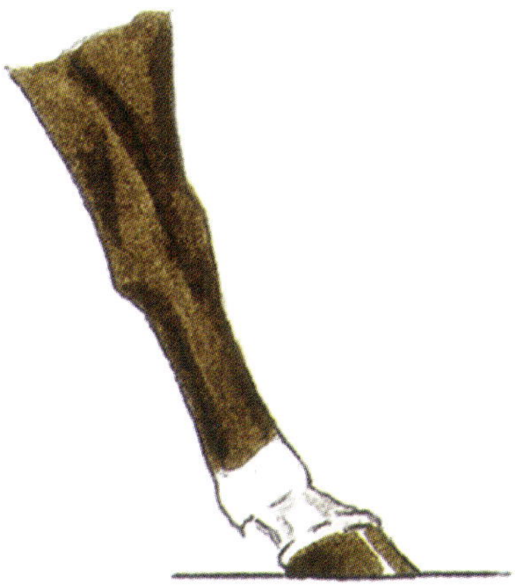

Balzane bordée

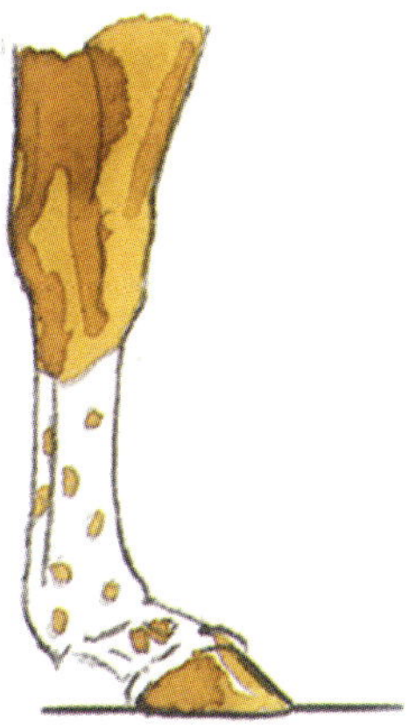

Balzane truitée

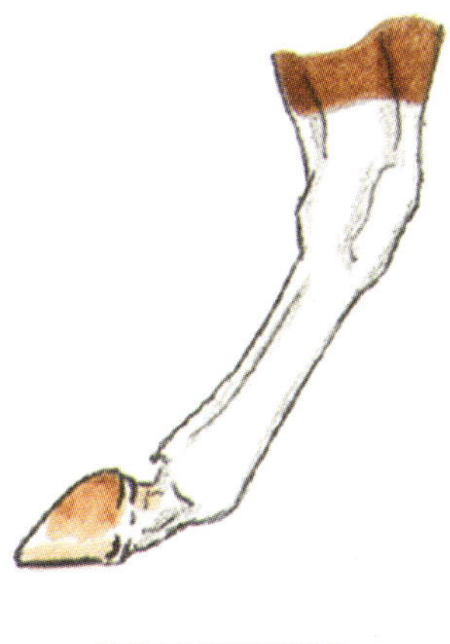

Balzane haut chaussée

Les marques blanches sur la tête

Elles s'étagent de quelques poils sur le front ou s'étirent en bande sur le chanfrein, appelée « liste », jusqu'à recouvrir toute la face du cheval que l'on dit alors « belle-face ». Elles peuvent être herminées, bordées, déviées, interrompues.

Quelques poils en tête

En tête herminée

Pelote

Demi belle-face

Cheval qui « boit dans son blanc »

Pelote fortement déviée en tête, liste fine irrégulière

Belle-face

Etoile en tête, liste interrompue

Liste déviée à droite

En tête bordée

Particularités diverses :
- épis (direction irrégulière du poil) ;
- ladre (peau rose dépourvue de poil) ;
- zain (absence de poil blanc).

Le licol

Nomenclature

Souvent en cuir, en tissu épais ou en nylon, le licol, équipé de sa longe, permet de déplacer ou d'attacher le cheval ou le poney.

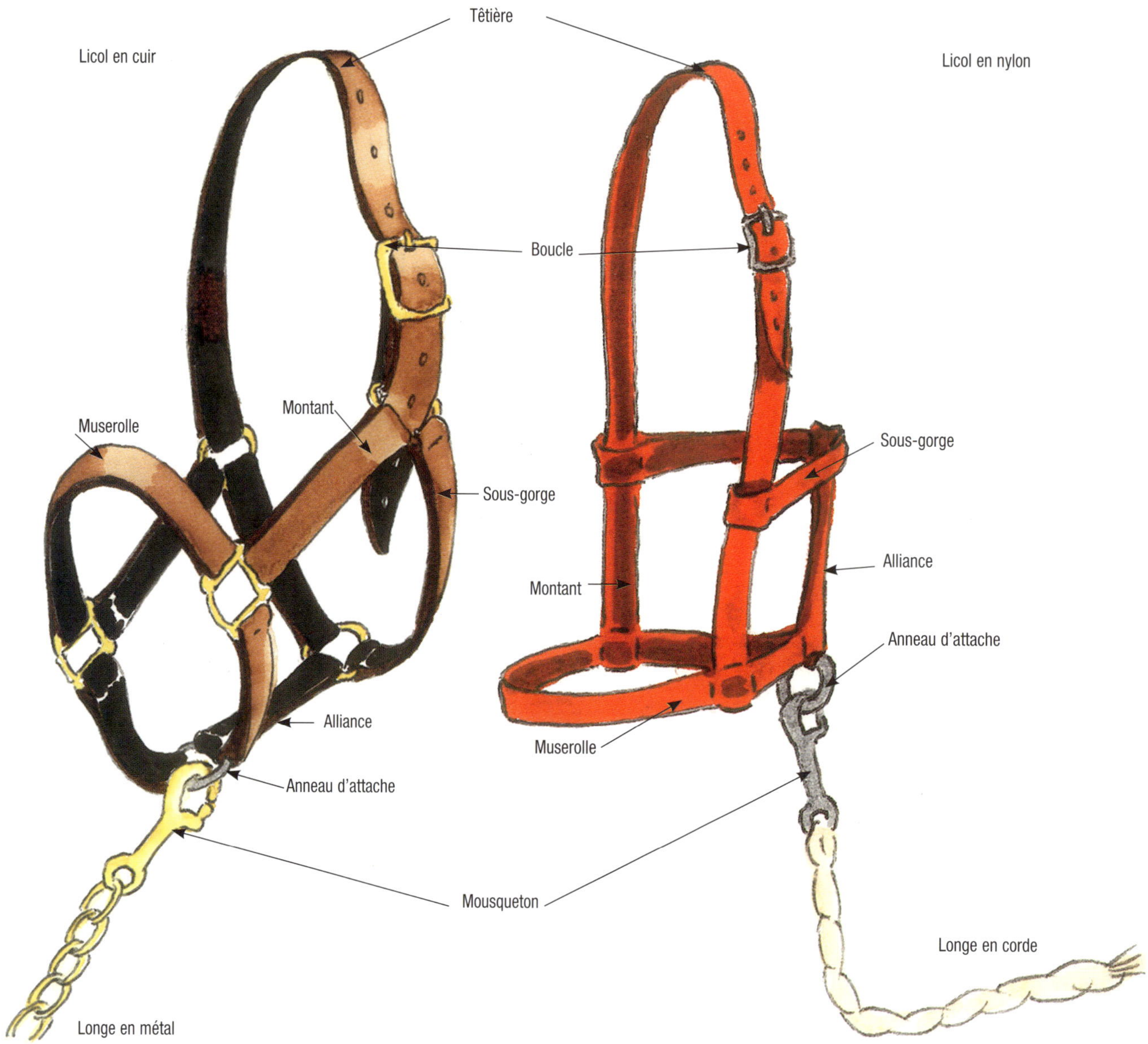

GALOP 2

La hauteur d'attache

Vous devez respecter la longueur d'attache, qui correspond à celle d'une encolure, c'est-à-dire de la nuque au garrot.

Trop longue, le cheval ou le poney peut passer sa tête sous la longe, prendre peur en se redressant et se débattre ou passer un membre par-dessus qui se trouverait soulevé du sol et mettrait le cheval sur trois pieds (prise de longe).

Trop courte, il se sent prisonnier et tente de se libérer en tirant vers l'arrière : il « tire au renard ».

Le nœud utilisé pour l'attache est un nœud qui empêche le cheval ou le poney de se libérer seul, mais qui vous permet de le libérer instantanément en cas de problème.

Vous choisissez l'anneau d'attache en fonction de la taille du cheval ou du poney.

Sa hauteur doit correspondre, au minimum, avec celle du garrot. Attacher trop haut n'est pas un problème. Trop bas, vous risquez fortement une prise de longe.

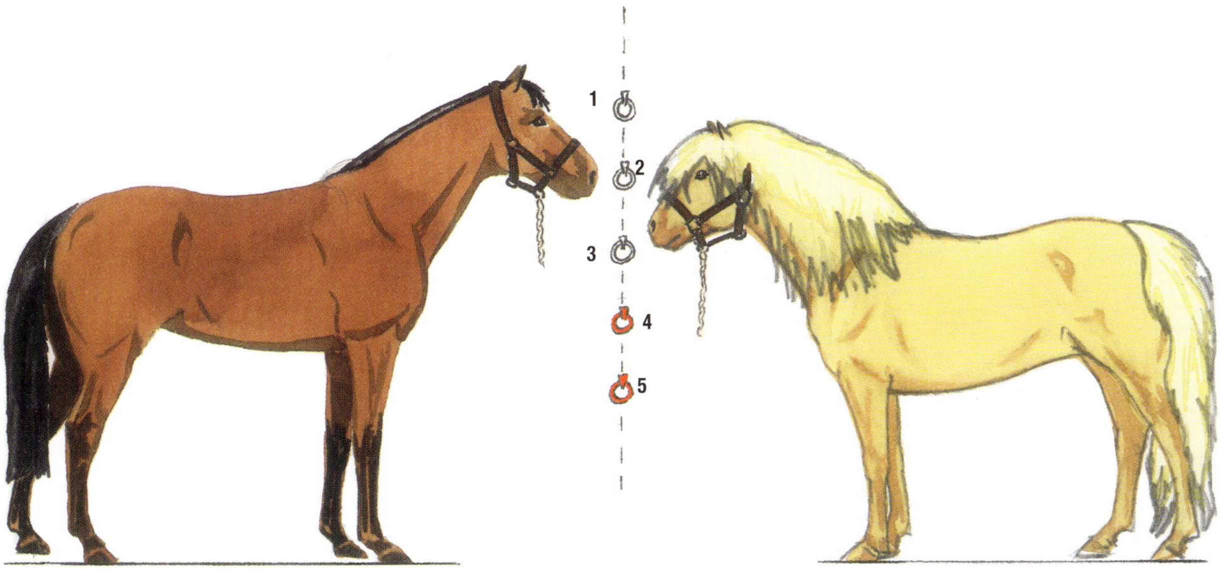

Pour ce cheval, vous pouvez utiliser les anneaux 1 et 2.

Pour le poney, les 1, 2 et 3.

Le pansage complet

Le pansage est la toilette du cheval ou du poney. C'est le moment où vous vérifiez son état général en lui prodiguant des soins, et pendant lequel vous renforcez votre complicité réciproque.

Le pansage doit se faire dans un lieu aéré afin d'éviter la poussière.

Panser

Vous devez être méthodique.

Passez l'étrille dans tous les sens du poil, mais uniquement sur les parties musculaires, voire sur l'arrière des tendons, sans arracher les poils.

Passez le bouchon sans oublier de le nettoyer sur l'étrille. Démêlez le toupet, la crinière et la queue.

Passez la brosse douce, brosse en soie qui peaufine le brossage en enlevant les dernières poussières et en lissant le poil, sur toutes les parties du corps, des membres et de la tête.

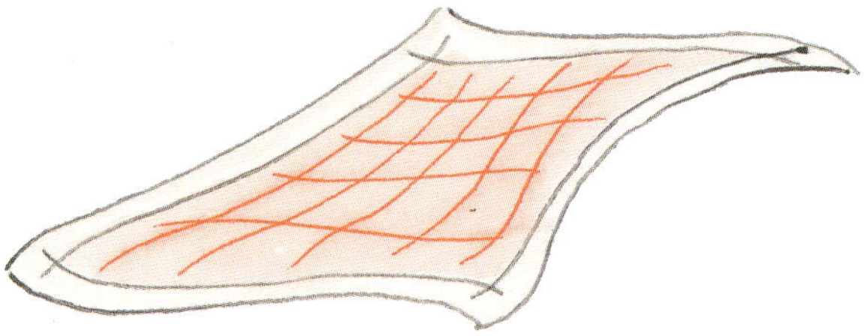

Faites briller l'ensemble du poil avec l'époussette, morceau de tissu doux et sec.

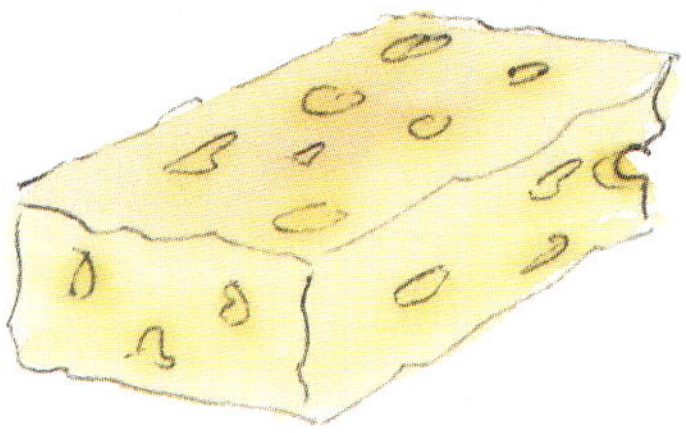

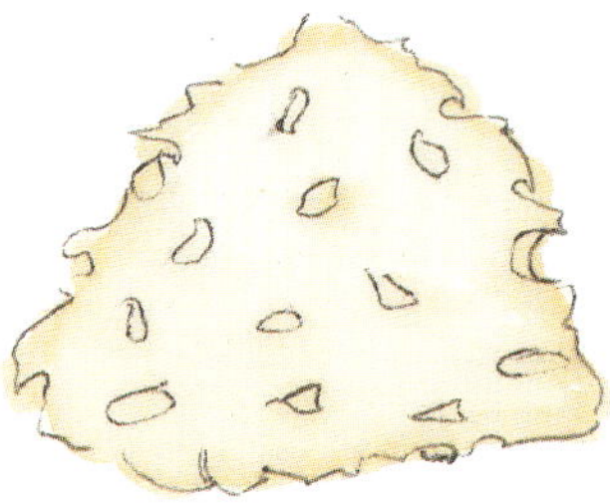

Nettoyez, dans l'ordre, les yeux, la bouche, les naseaux, les orifices naturels et les organes génitaux avec une éponge humide que vous rincez abondamment entre chaque partie.

Brossez les crins tout du long pour les démêler en défaire les nœuds et en retirer les crins morts.

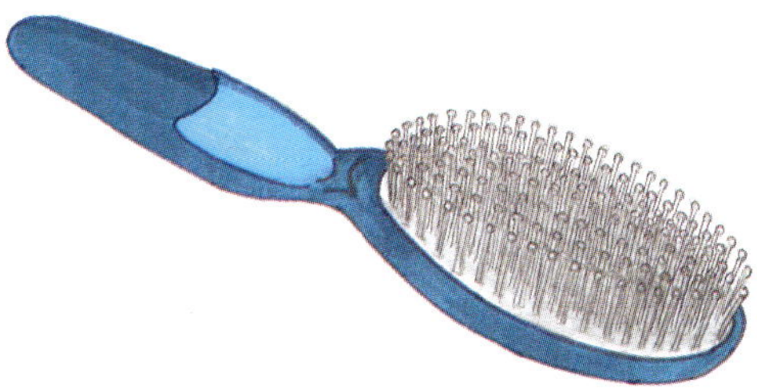

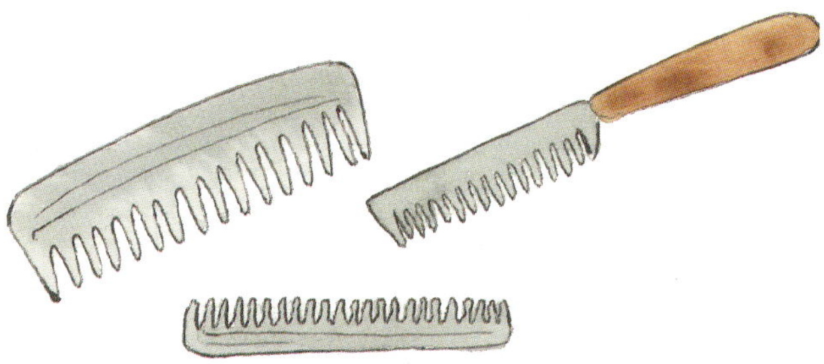

Peignez les crins soigneusement pour parfaire leur démêlage et les mettre en ordre.

Curer les pieds

Cure-pieds de différents modèles, avec ou sans brosse

Caressez de haut en bas le membre jusqu'au sabot, demandez son pied avec l'ordre « Donne », gentil mais ferme. Pour l'antérieur, appuyez votre épaule contre le bas de la sienne : il reporte son poids sur l'antérieur opposé et vous donne le pied demandé plus facilement.

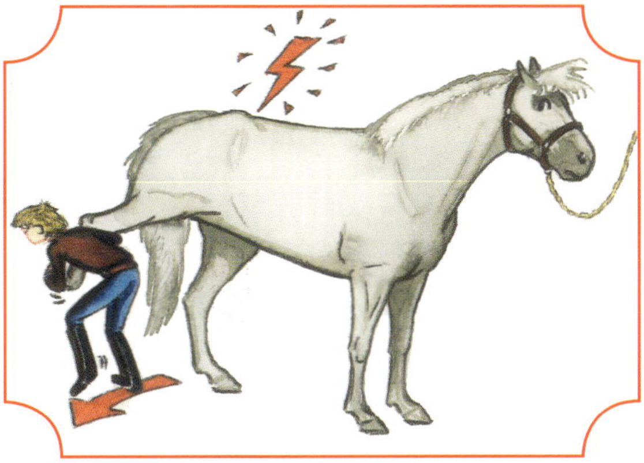

Quel que soit le pied demandé, restez toujours parallèle à l'axe du cheval ou du poney : l'écarter lui fait mal et peut le déséquilibrer.

Curer un antérieur.

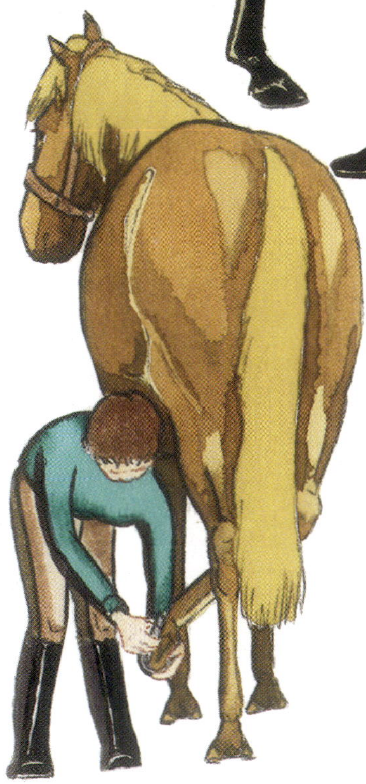

Curez les pieds pour nettoyer la sole, la fourchette et ses lacunes, en enlever tout corps étranger et vérifier l'état du pied et de la ferrure.

Curer un postérieur : de même que pour l'antérieur, en fonction du dressage du cheval ou du poney, vous pouvez curer dans l'axe ou croisé.

Seller

Les différentes selles

La selle doit être adaptée à la taille du cheval et du poney, et à l'utilisation que l'on souhaite en faire.

Certaines selles sont polyvalentes, d'autres sont très spécialisées. Elles sont le plus souvent en cuir, mais il en existe de plus en plus fabriquées à partir de matériaux composites qui allient solidité et légèreté.

Utilisez les selles de club : elles sont propres à chaque animal.

Les tapis de selle ne doivent pas être échangés entre les chevaux ou les poneys afin d'éviter toute propagation de maladie de peau.

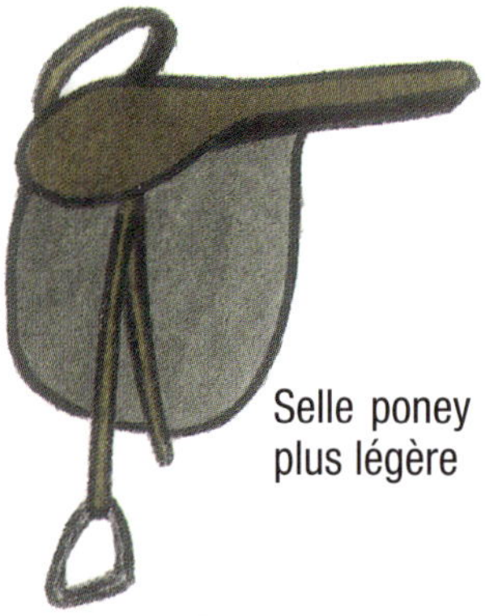

Selle poney : plus petite, plus légère

Bardette à boudin (utilisée pour les poneys)

Selle creuse

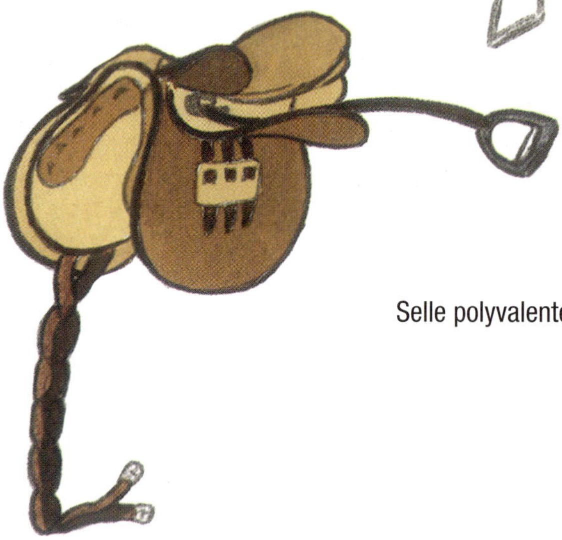

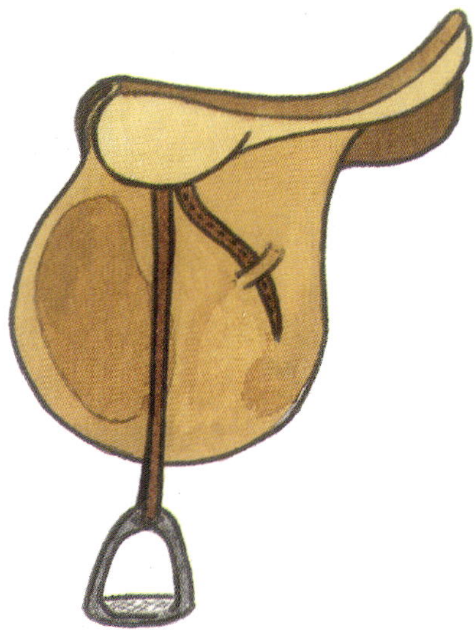

Selle polyvalente

Selle d'amazone : siège plat, deux fourches placées du côté gauche positionnent les jambes du cavalier du même côté. Un seul étrier à gauche, (non représenté).

Selle camarguaise : convient à cette équitation spécifique et aux longs parcours à cheval.

Selle western : convient à cette équitation spécifique et aux longs parcours à cheval.

Selle de randonnée : ses matelassures sont rallongées afin d'y accrocher des sacoches. Son confort est étudié pour les longues heures à cheval.

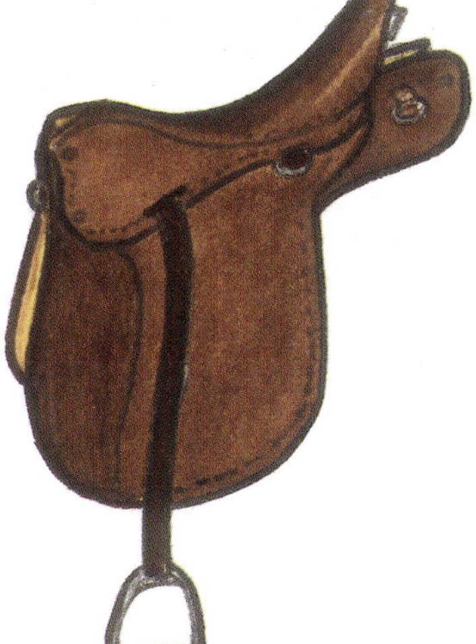

Selle d'obstacle : siège peu prononcé, faux quartiers munis de taquets avant et arrière pour contribuer à la fixité de la jambe pendant les sauts.

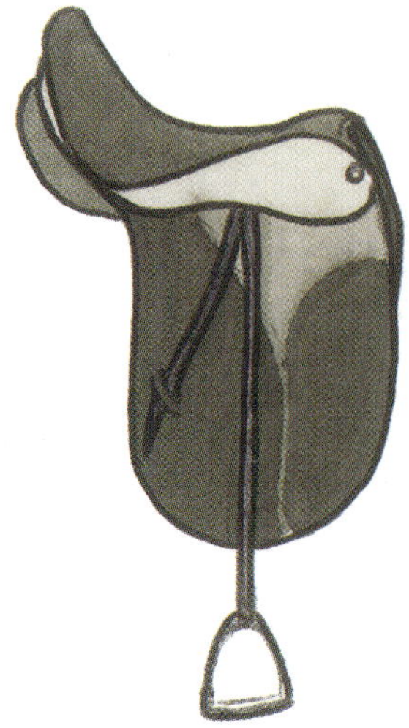

Selle de dressage : le siège est plus profond, les quartiers sont plus longs.

Nomenclature

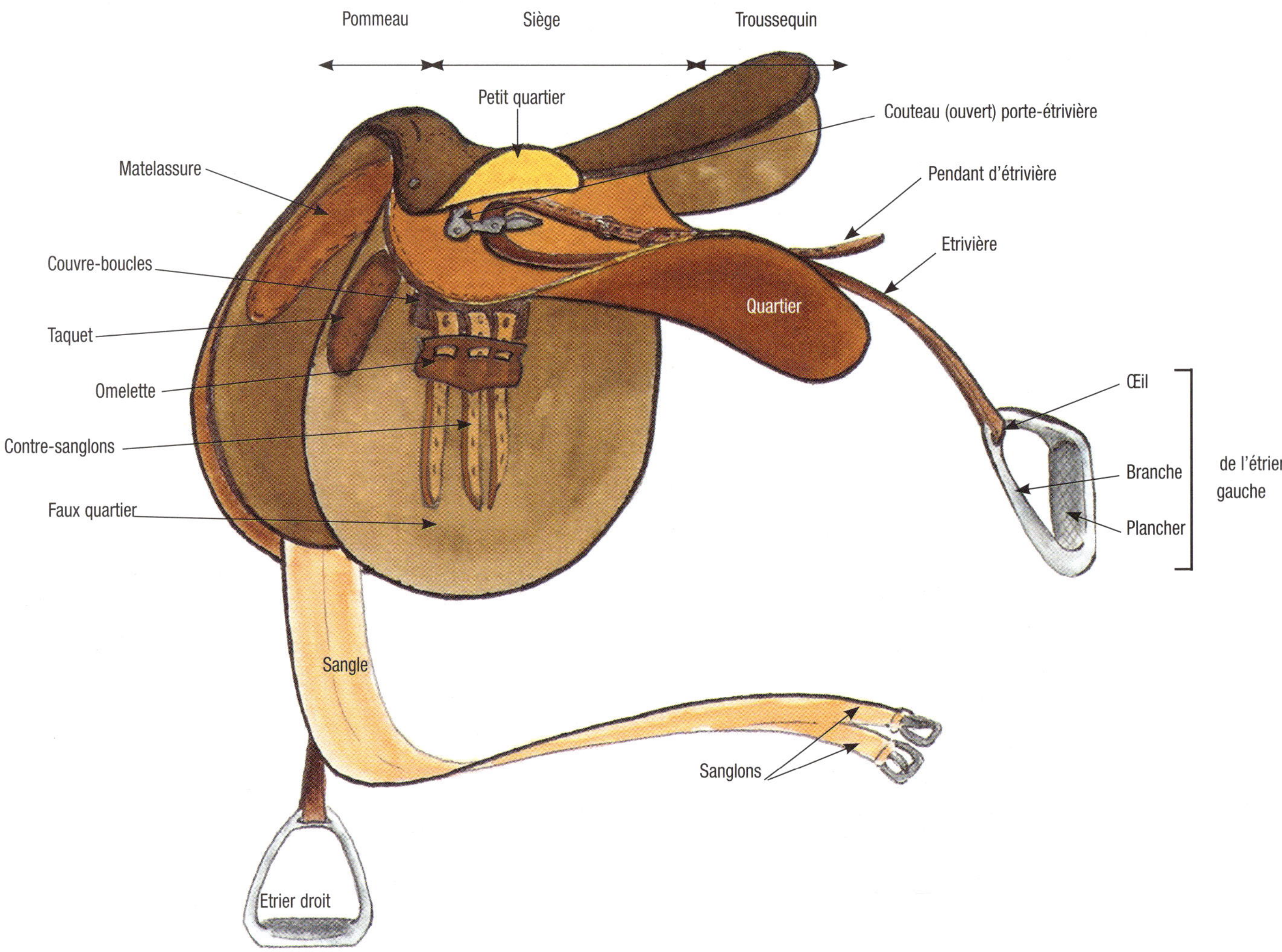

Mettez le filet en premier si votre cheval ou poney est libre de ses mouvements, sellez-le d'abord s'il est attaché.

Poser le tapis de selle

Il protège le dos du frottement de la selle, absorbe la sueur, et est plus ou moins grand ou épais. Vérifiez qu'il est propre et sec.

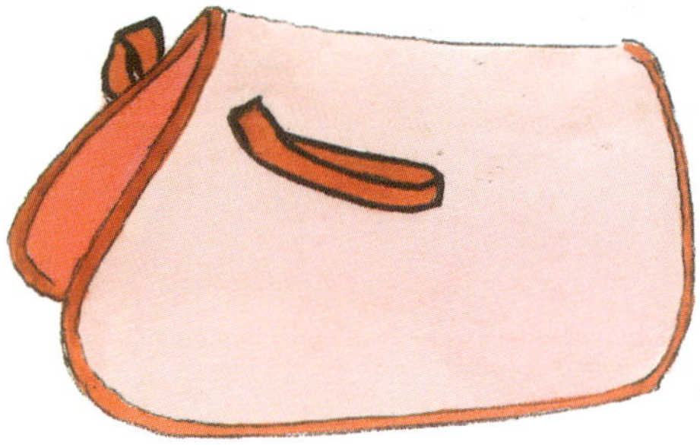

Posez-le sur l'encolure et faites-le glisser vers l'arrière jusqu'à ce que le bord avant recouvre entièrement le garrot.

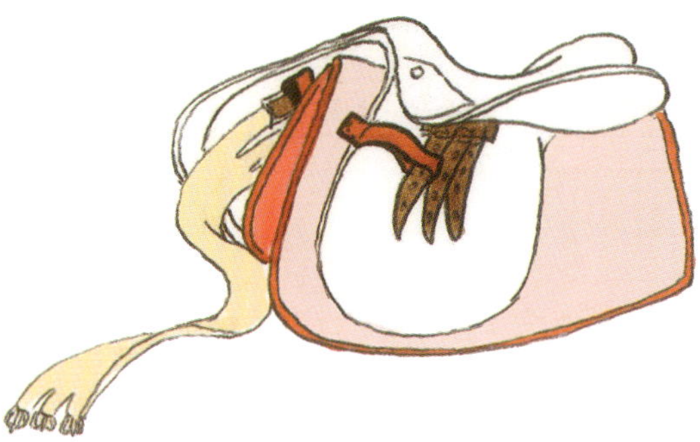

Insérez les sanglons dans les lanières du tapis : l'ensemble tapis-selle est ainsi un bloc solidaire.

Après avoir remonté les deux étriers et posé la sangle sur son siège, posez la selle, pommeau en correspondance avec le garrot.

Faites reculer l'ensemble tapis + selle légèrement.

Passez sous l'encolure pour contrôler la position des faux quartiers de la selle puis faites descendre la sangle doucement, en la retenant dans la main pour qu'elle ne heurte pas les antérieurs.

De la même façon, revenez à gauche, vérifiez que selle et tapis sont correctement dégarrottés (une main à plat doit aisément passer entre le tapis et le poil). Le garrot ne doit en aucun cas être compressé par le tapis sous peine de générer une blessure.

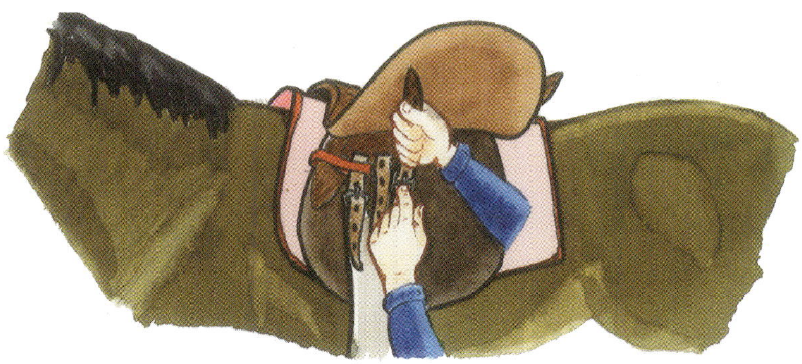

Sanglez pour que la selle reste en place, sans exagération, sinon votre monture se gonfle.

Il vous faudra donc sangler à plusieurs reprises avant de mettre le pied à l'étrier.

Mettre le filet

Le filet est un harnachement simple équipé d'un mors et de deux rênes. Il permet au cavalier de contrôler la vitesse et la direction de sa monture. On l'appelle aussi « bridon ». Il peut être complété d'une muserolle. De même que la selle, chaque cheval ou poney dispose d'un filet qui lui est réservé.

Avant de mettre le filet, bouclez le licol en collier de chien.

Nomenclature

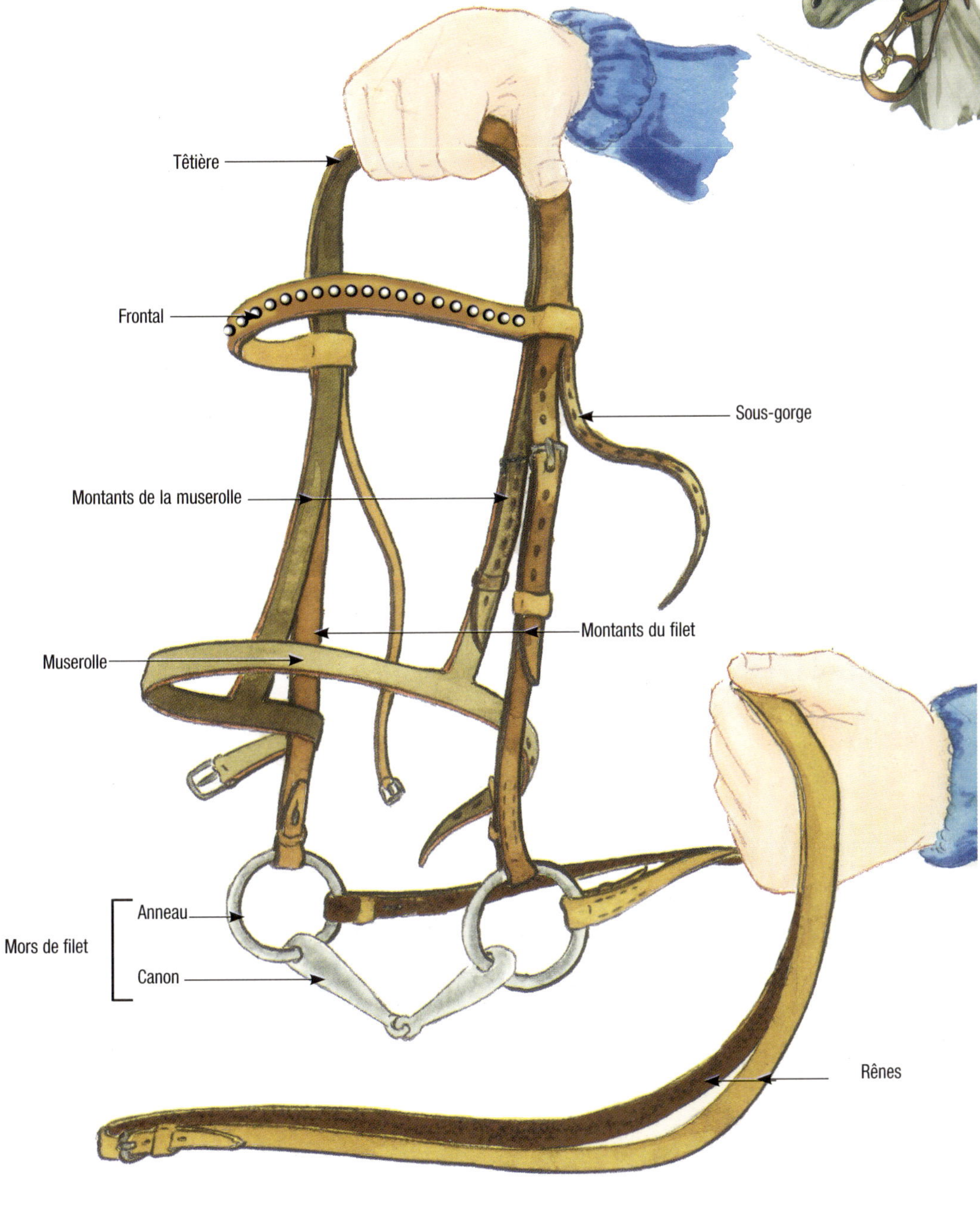

Placez-vous à gauche, et faites passer les rênes, que vous tenez à la couture, par-dessus les oreilles en les faisant glisser juqu'au garrot.

Placez le mors dans la paume de la main gauche et laissez-lui le temps d'ouvrir la bouche pour éviter de lui cogner le mors sur les dents.

Tenant les montants dans la main droite que vous posez sur le chanfrein, faites-le entrer dans la bouche que le cheval ou le poney a ouverte dès que vous avez glissé le pouce dans la commissure de ses lèvres.

Il n'y a pas de dent à cet endroit de la bouche : c'est une partie qui se nomme « les barres ». Vous ne pouvez pas être mordu par inadvertance.

Placez le mors en remontant la main droite le long du chanfrein.

Enfilez délicatement les oreilles l'une après l'autre entre la têtière et le frontal, l'oreille gauche en la couchant vers l'avant puis la droite de la même manière. Le filet est positionné. Dégagez le toupet du frontal en le faisant passer par-dessus.

Vérifiez, en vous plaçant face à votre monture que le frontal et la muserolle sont droits.

Bouclez la sous-gorge puis la muserolle à plat, sans serrer.Vérifiez que tous les passants sont bien mis.

Le filet étant adapté, vous n'avez, normalement, pas à l'ajuster.

Vérifiez que le mors est propre avant de mettre le filet. Votre monture apprécie peu de mastiquer les aliments ou la salive de la veille...

Communiquer avec la monture

Par le dressage qu'il a reçu, le cheval ou le poney a appris à interpréter des signaux. Il n'est pas seulement soumis : il comprend le code pour coopérer avec les demandes du cavalier. Les signaux sont transmis par les aides, moyens du cavalier pour communiquer avec sa monture. C'est le langage des aides.

Les modes de fonctionnement du piéton et de l'équidé

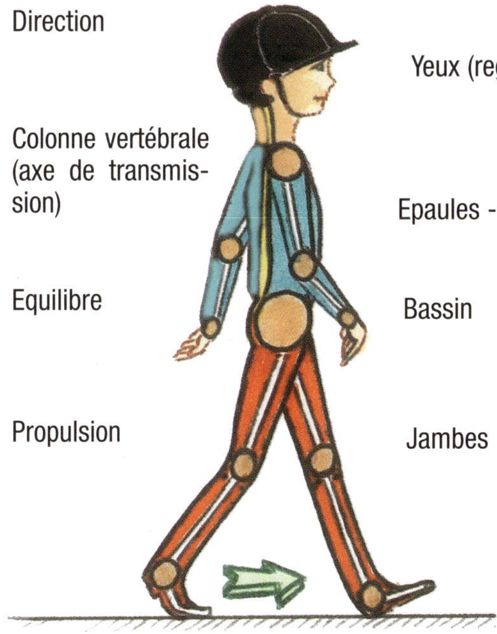

Mode de fonctionnement du piéton, bipède en déplacement

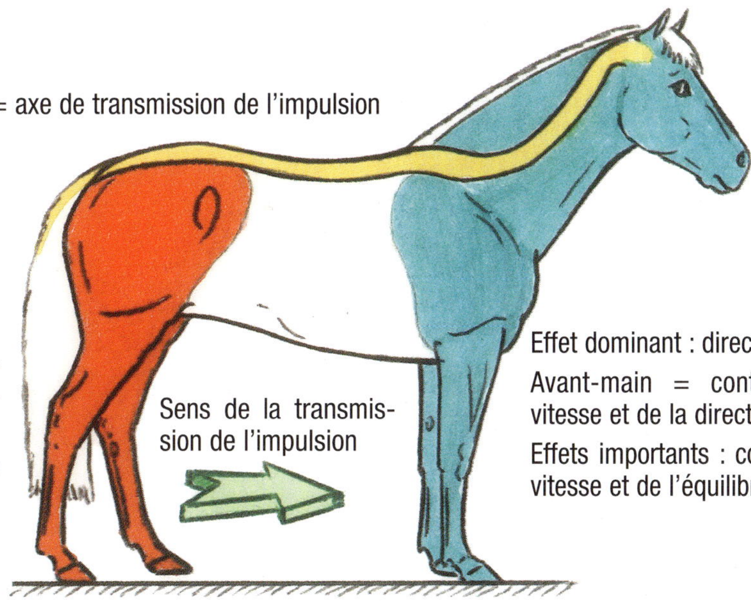

Mode de fonctionnement du cheval, quadrupède en déplacement

Le mode de fonctionnement du cavalier

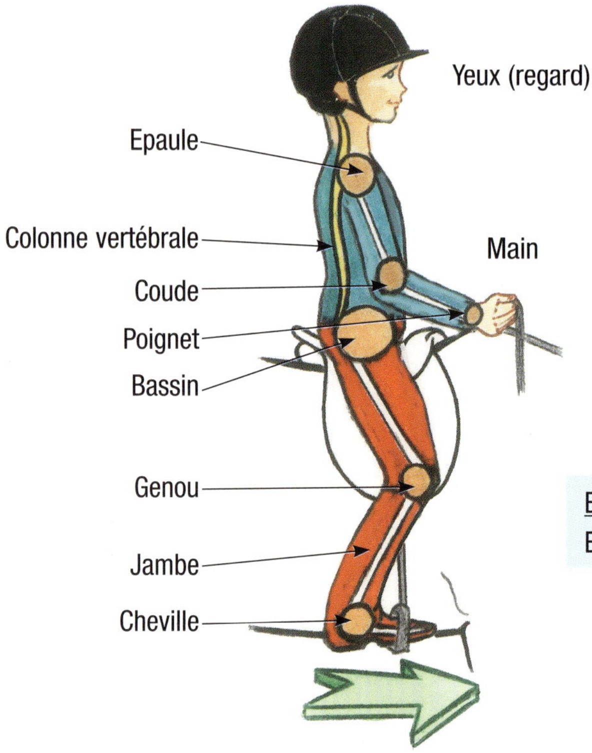

<u>Effet dominant : vitesse</u>
Effets importants : direction, équilibre

<u>Effet dominant : direction</u>
Effets importants : vitesse, équilibre

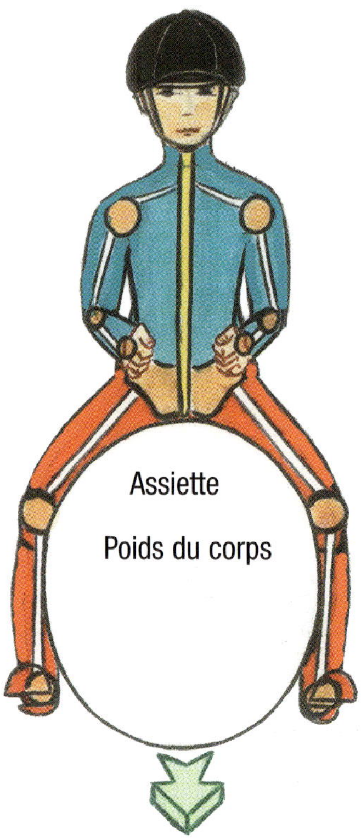

<u>Effet dominant : équilibre</u>
Effets importants : direction, vitesse

Les aides

Il existe deux familles d'aides :

- les aides naturelles ;
- les aides artificielles.

Les aides naturelles

Ce sont tous les moyens naturels dont dispose le cavalier :

- l'assiette par l'intermédiaire de laquelle s'exerce l'action du poids du corps ;
- les jambes, qui agissent ensemble ou séparément ;
- les mains qui dirigent et contrôlent la vitesse ;
- la caresse et la voix qui confirment les demandes et récompensent.

Les aides artificielles

Ce sont tous les matériels qui renforcent ou précisent l'action des aides naturelles du cavalier, si nécessaire :

- la cravache ;
- l'éperon.

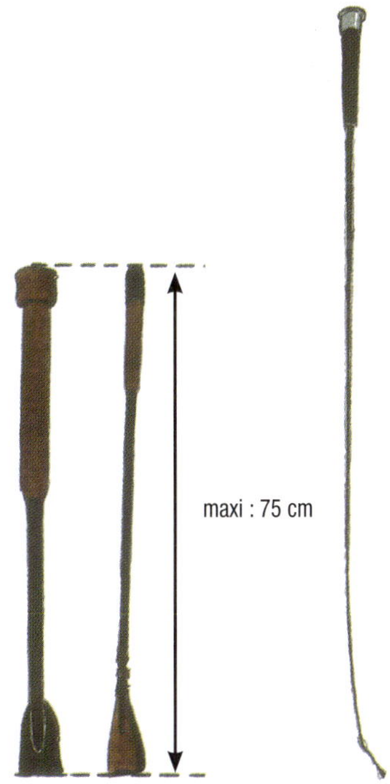

Cravaches Stick

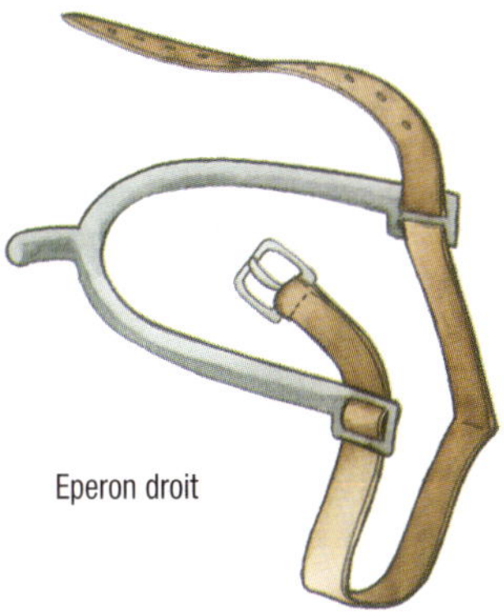
Eperon droit

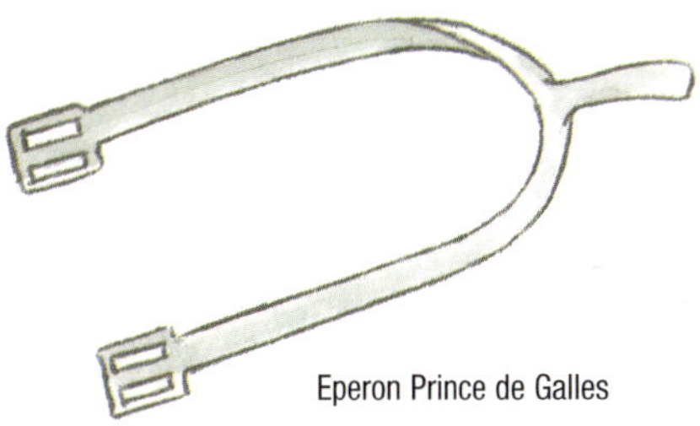
Eperon Prince de Galles

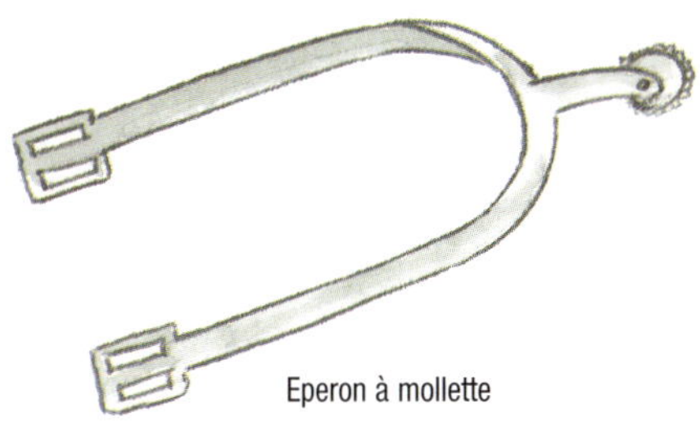
Eperon à mollette

Position haute, éperon sur le taquet : convient à un cavalier ayant de longues jambes, ou pour le dressage.

Position intermédiaire, éperon ajusté sous le taquet : convient à un cavalier ayant des jambes de taille moyenne.

Position basse, éperon ajusté très en dessous du taquet : convient à un cavalier ayant des jambes courtes, et aux amazones.

L'impulsion

L'impulsion est l'énergie du cheval, naturelle ou acquise par le travail, qui génère le mouvement. C'est une disposition de la volonté du cheval de se porter en avant.

Gérer l'impulsion

L'impulsion naturelle diffère selon les chevaux ou les poneys. La race, les origines génétiques, le tempérament influent sur l'expression de l'impulsion.

Plus l'impulsion naturelle est exprimée, plus on dit le cheval ou le poney « près du sang ». Inversement, plus il se montre calme, plus on le dit peu ou pas dans le sang.

Le dressage a permis aux chevaux et poneys d'associer l'augmentation, le maintien ou la baisse de son impulsion aux différentes actions des aides du cavalier.

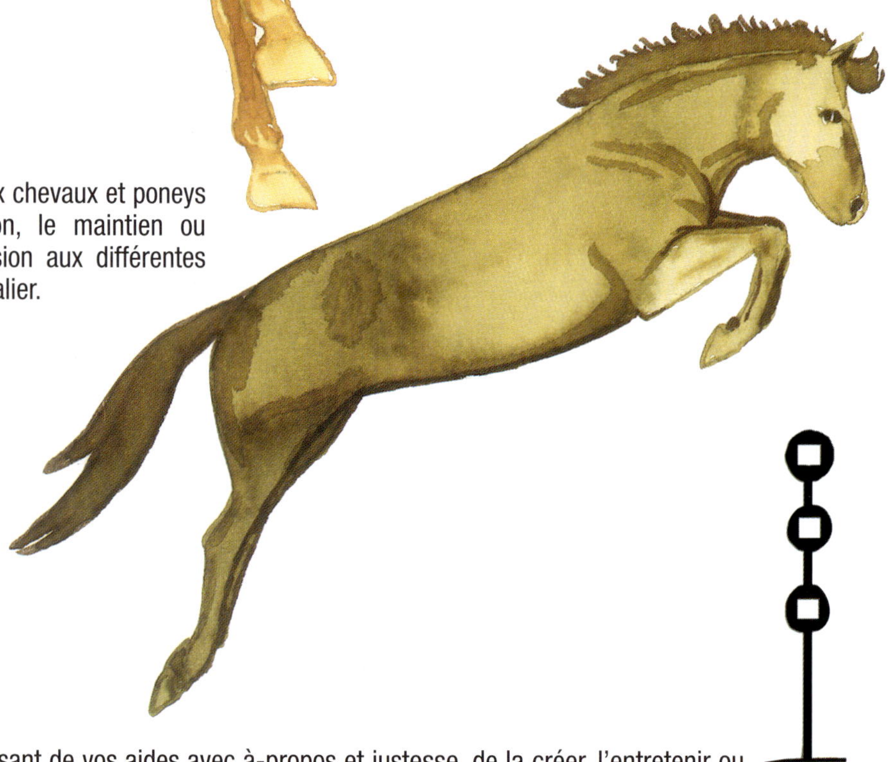

Il vous revient donc, en usant de vos aides avec à-propos et justesse, de la créer, l'entretenir ou la contenir.

Avancer - Ralentir - S'arrêter

Avancer

Le mouvement en avant doit être franc.

Pour créer ou entretenir l'impulsion, le cavalier agit avec ses jambes et son poids du corps, et cède avec ses mains :

- il accompagne en rythme l'allure avec son bassin, ou amplifie l'accompagnement ;
- il agit avec les deux jambes par des pressions simultanées des mollets à la sangle ;
- il cède dans ses mains en desserrant légèrement les doigts sur les rênes, sans rompre le contact avec la bouche de la monture, ni laisser les rênes se rallonger (pouce et index pincés sur la rêne), et accompagne les mouvements de balancier de l'encolure selon l'allure.

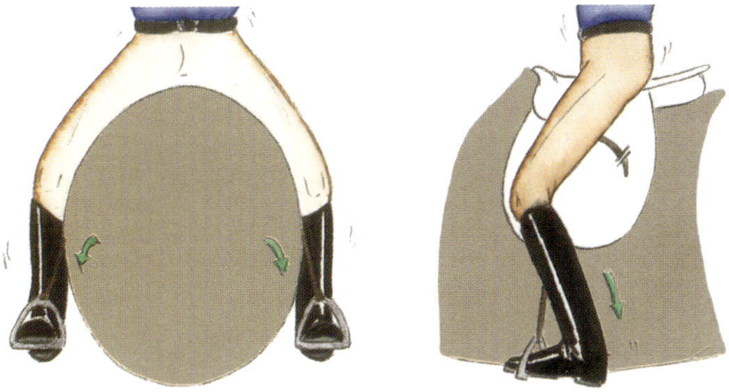

Contact naturel des deux jambes avec la monture.

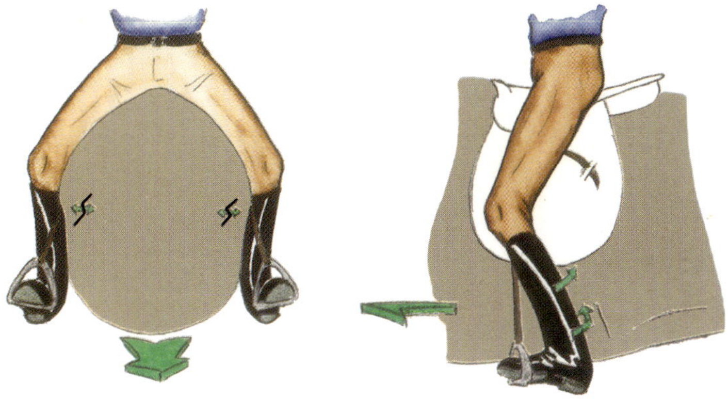

Action simultanée des deux jambes à la sangle

Ralentir - S'arrêter

Le ralentissement ou l'arrêt doit être progressif mais ferme, jusqu'à obtention du résultat escompté.

Pour contenir l'impulsion, ralentir ou s'arrêter, le cavalier agit avec son dos, son poids du corps et ses mains, et cède dans ses jambes :

- il cesse d'accompagner en rythme l'allure avec son bassin ;
- il redresse le dos, efface ses épaules, soutient ses poignets en serrant les doigts sur les rênes, et cesse d'accompagner les mouvements de balancier de l'encolure selon l'allure ;
- il cède dans ses jambes en revenant à un contact normal des mollets avec les flancs, sans écarter ni avancer les jambes.

Pour l'arrêt, dès que celui-ci est obtenu, le cavalier cesse toute action : il reprend une position neutre avec un contact naturel.

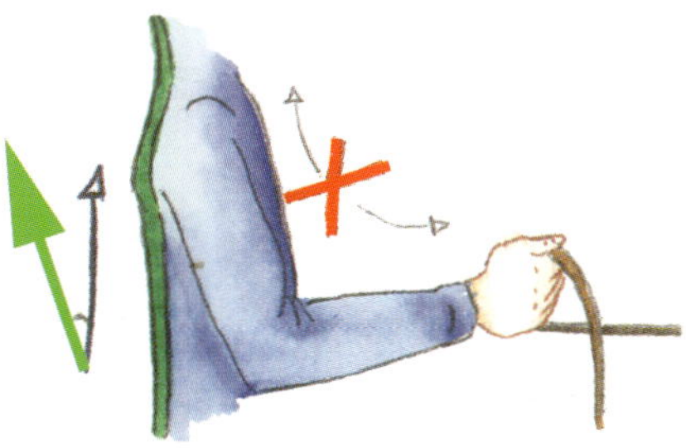

Demander un arrêt

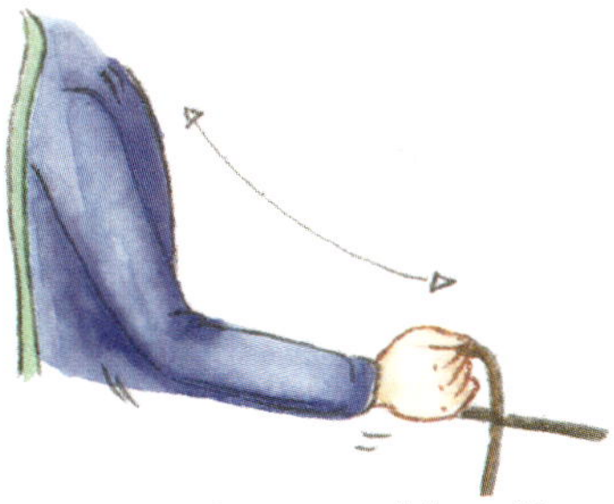

Accompagner l'allure, céder

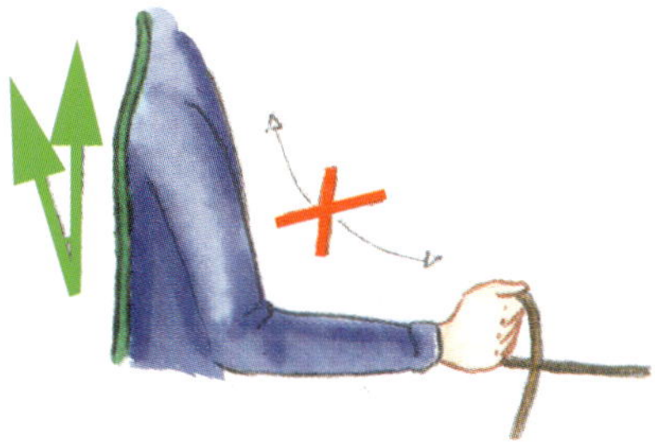

Résister

Tourner

Pour tourner, le cavalier doit s'orienter dans la direction où il veut aller en entretenant ou en augmentant l'impulsion de sa monture.

Ce sont votre orientation générale <u>et</u> la vigilance active de vos jambes qui déterminent la qualité du tourner :

- regardez où vous allez ;
- faites une rotation du buste ;
- accompagnez de vos deux mains l'orientation imprimée par votre tronc.

Attitude symétrique, neutre

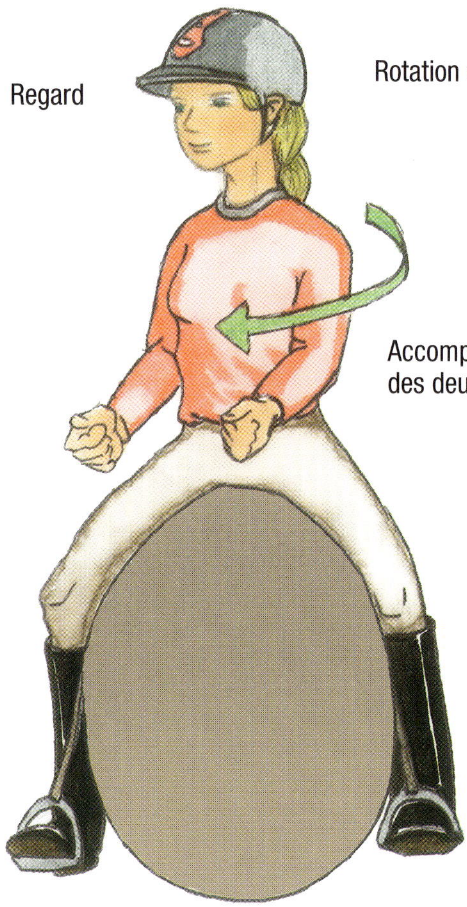

Attitude de tourner

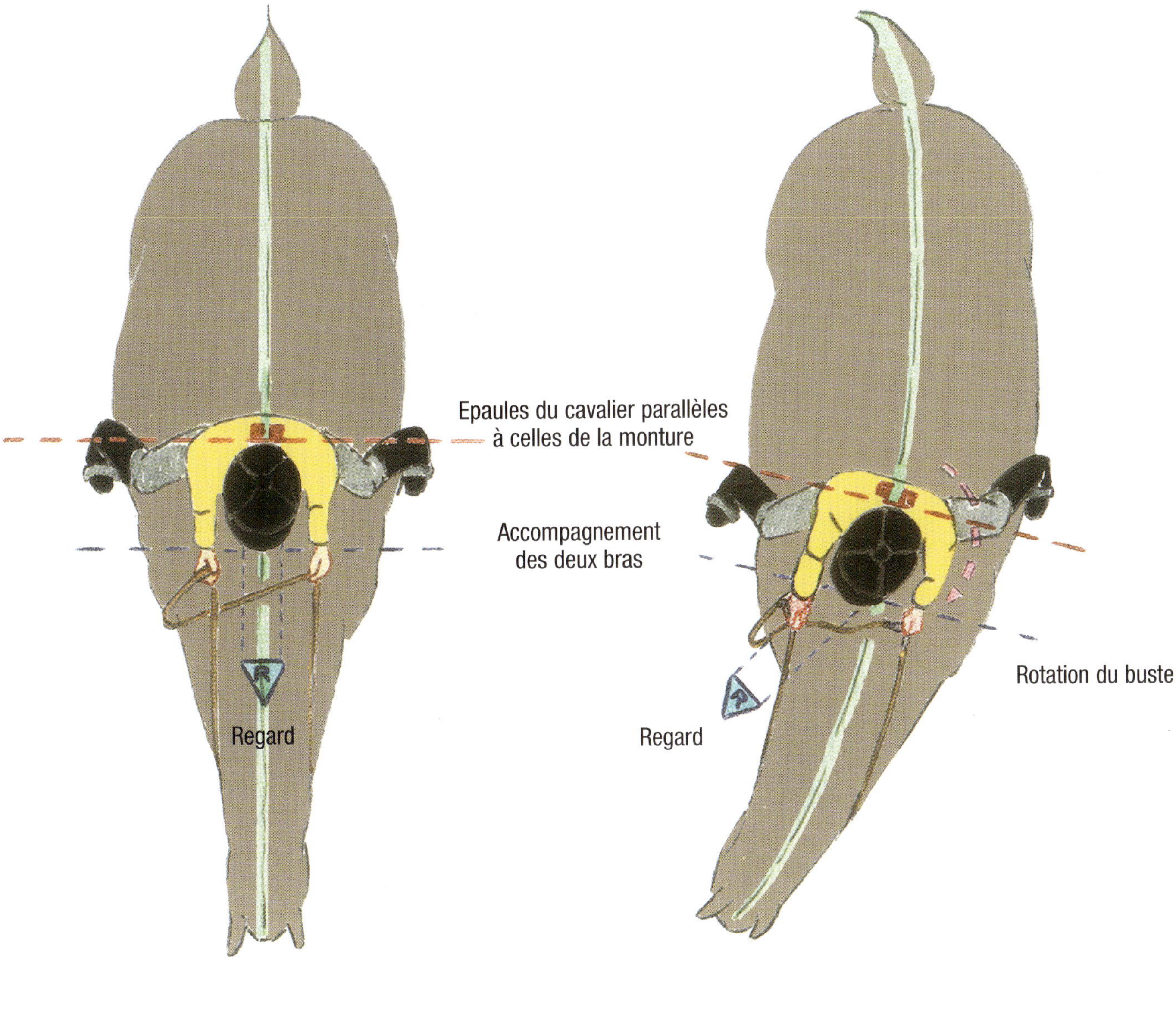

Attitude symétrique, neutre

Attitude de tourner

GALOP 2

Le terrain varié

En promenade, il est préférable de trotter enlever et de galoper en équilibre sur les étriers pour ménager le dos de votre monture et vous éviter toute fatigue inutile. Les sorties se font encadrées par un enseignant. Des aides à pied, les premières fois, peuvent accompagner le groupe.

Sur un plan descendant

Dans la position d'équilibre assis, inclinez le buste vers la croupe en ralongeant légèrement les rênes, mais en gardant le contact avec la bouche de votre monture.

Sur un plan ascendant, sous des branches basses ou en franchissant un tronc

Dans la position d'équilibre sur les étriers inclinez plus ou moins le buste vers l'avant en gardant le contact avec la bouche de votre monture. Vous pouvez vous aider en tenant une poignée de crin près du garrot.

Règles et comportement

Une promenade se fait en groupe de plusieurs cavaliers qui évoluent les uns derrière les autres, en file indienne, dans l'ordre déterminé par l'enseignant. Ce mode de fonctionnement vous impose le respect de certaines règles.

Règles vous concernant

Soyez attentif, conservez les deux rênes ajustées dans une main au moins, ne collez pas et ne vous éloignez pas du cavalier qui vous précède.

Règles concernant votre monture

Ne la laissez pas brouter car vous ne connaissez pas les plantes qui pourraient être dangereuses pour sa santé. De plus, vous vous éloignerez du couple qui vous précède, et, l'instinct grégaire de votre monture prenant le dessus sur sa gourmandise, elle vous emmènera rejoindre le groupe au plus vite, sans prévenir...

Règles concernant le groupe

Conservez vos distances, la place qui vous a été attribuée au départ, place qui a été choisie en fonction des relations hiérarchiques et des affinités existant entre les divers chevaux et poneys.

Respectez l'allure imposée par l'enseignant, qui se justifie par la qualité des sols, les déclivités et l'état de fatigue de la cavalerie.

Transmettez les consignes et les informations à voix haute et claire pour que l'ensemble du groupe réagisse avec à-propos (cavalier en difficulté, arrivée d'un véhicule...).

Le code de la route

Un couple cavalier - cheval est assimilé à un véhicule. Vous devez respecter le code qui lui incombe (marcher à droite, céder les priorités, obéir aux panneaux de signalisation routière).

Règles concernant l'environnement

Respectez les cultures, plantations, espaces aménagés et propriétés privées.

Règles concernant les rencontres

Soyez gentil et courtois.

Ralentissez au pas voire jusqu'à l'arrêt en croisant des promeneurs que vous saluez.

Ralentissez lorsqu'ils vous précèdent avant de les dépasser en laissant une distance suffisante de sécurité entre eux et vous, prévenez-les et saluez-les.

Laissez la priorité si le chemin est peu praticable.

Sauter

Le saut d'obstacle se fait au trot ou au galop en position d'équilibre sur les étriers. Restez calme sans vous contracter.

Le saut se décompose en trois parties qu'il vous appartient de gérer :

- l'abord ;
- le franchissement ;
- la réception.

Lors des premiers sauts, pour vous faciliter le fonctionnement, vous pouvez découvrir votre équilibre en étant longé : pas de problème de direction ni d'impulsion.

Puis, les obstacles seront équipés d'« oreilles », barres que l'on installe pour former un entonnoir devant l'obstacle : pas de problème de direction.

L'abord

En position d'équilibre sur les étriers, regardez devant vous en respectant l'allure demandée.

Dirigez votre monture afin de la conduire au centre de l'obstacle.

Prenez éventuellement une poignée de crins, sans perdre le contact avec la bouche de votre monture.

Maintenez l'impulsion.

L'amortissement du saut

En position d'équilibre sur les étriers, laissez votre cheval ou votre poney sauter sous vous. Vos articulations inférieures vont fonctionner en se pliant puis se dépliant pour amortir le saut.

Ne vous jetez pas en avant ni ne vous rasseyez dans la selle, vous compromettez votre équilibre et celui de votre monture.

Le réflexe du cavalier inexpérimenté ou contracté étant de se durcir sur les jambes, il ne peut donc plus amortir les sauts.

La réception

En position d'équilibre sur les étriers, vous vous redressez légèrement pour vous rapprocher de la selle et reprendre l'allure initiale.

Récompensez votre monture en la caressant.

Mettre ou enlever une couverture

Les chevaux ou les poneys ont un poil qui pousse et s'épaissit pour les protéger du froid à l'entrée de l'hiver. Ceux qui travaillent ou qui sont entraînés quotidiennement sont souvent tondus pour qu'ils puissent évoluer en toute saison sans transpirer excessivement. La tonte présente l'avantage de faciliter également l'entretien.

Tondus, ils ont besoin d'une chemise (en été) ou d'une couverture (en hiver) pour les protéger du vent et du froid.

Mettre ou enlever une couverture

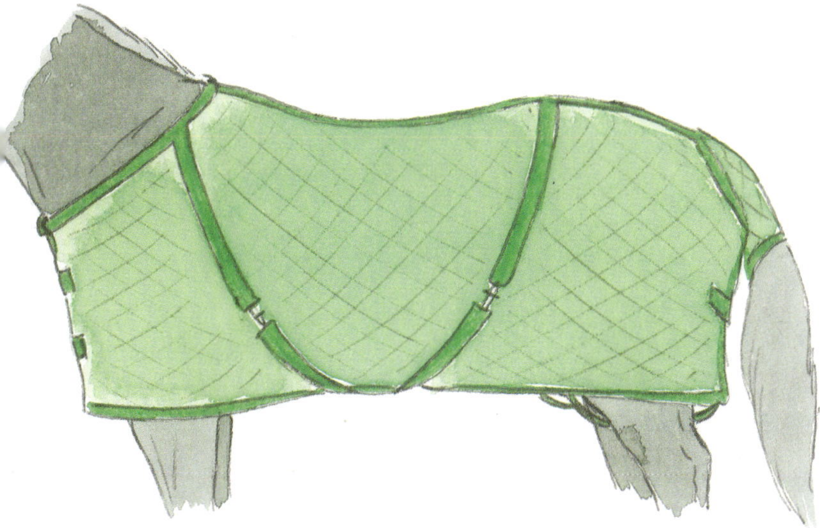

<u>Mettre la couverture</u> : Les couvertures ou les chemises sont équipées de sangles qui les maintiennent en place.

Tenez la couverture par le devant et faites-la passer d'un geste ample sur le garrot, à plat.

Faites-la glisser à plat dans le sens du poil jusqu'à ce qu'elle soit en place. Positionnez les lanières à plat à leurs places. Assurez-vous qu'elle est d'égale longueur des deux côtés.

Fermez les boucles du poitrail en veillant à ne pas comprimer les épaules et le garrot.

Bouclez les sangles sans les serrer.

<u>Enlever la couverture</u> : Détachez toutes les boucles et les sangles et faites glisser doucement la couverture vers l'arrière hors du dos du cheval ou du poney.

Déposez-la dans un endroit propre et sans danger (mangeoire, sur la porte ou à l'extérieur de l'hébergement).

Entretenir le harnachement

Le harnachement doit toujours être propre. Son entretien garantit sa longévité et votre sécurité.

Le filet

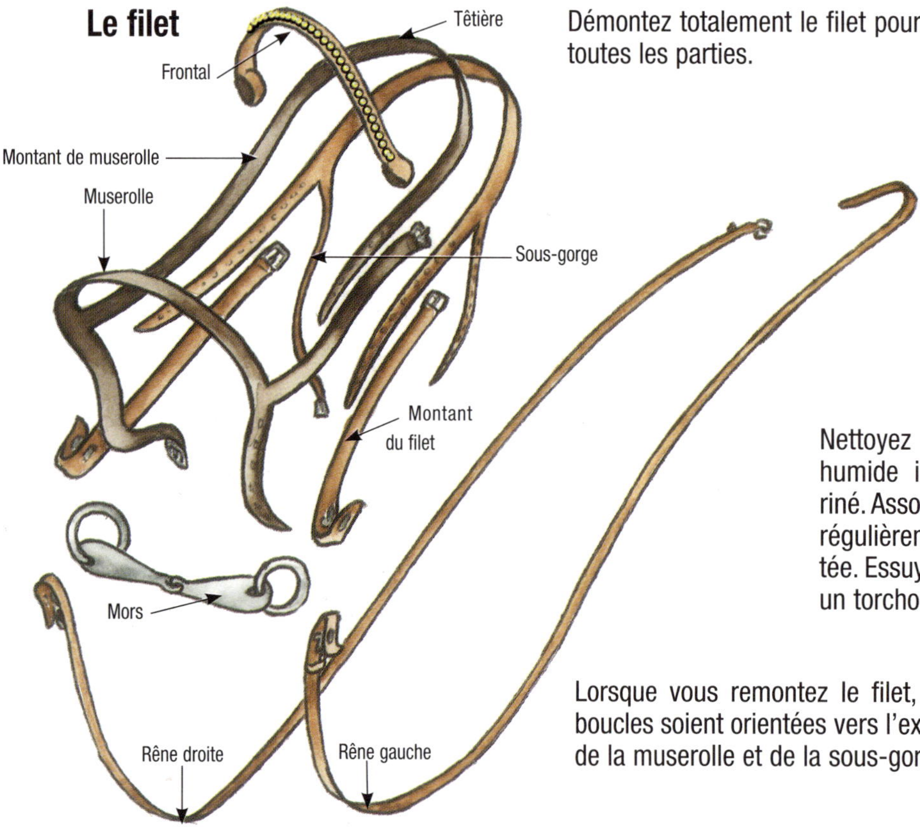

Démontez totalement le filet pour en nettoyer minutieusement toutes les parties.

Rincez le mors avec de l'eau claire après chaque usage. S'il est crasseux, grattez-le pour décoller les saletés et rincez abondamment.

Nettoyez les cuirs avec une éponge humide imprégnée de savon glycériné. Assouplissez-les et nourrissez-les régulièrement avec une graisse adaptée. Essuyez le surplus de graisse avec un torchon propre.

Lorsque vous remontez le filet, veillez à ce que toutes les boucles soient orientées vers l'extérieur, et que les fermetures de la muserolle et de la sous-gorge se fassent à gauche.

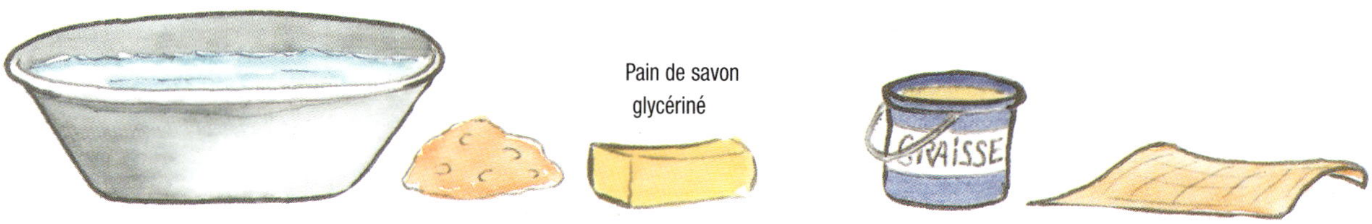

La selle

Il n'y a que trois éléments à démonter : les deux étrivières et leurs étriers, et la sangle. Les cuirs et aciers s'entretiennent comme ceux du filet.

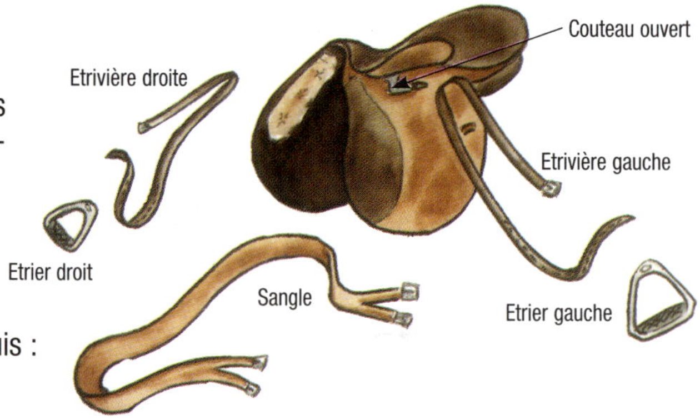

Les protections

Elles sont nettoyées après chaque usage. Brossez-les puis :

- passez-les sous l'eau si elles sont lavables ;
- graissez-les si elles sont en cuir.

Le pied

Le pied remplit trois rôles importants : l'appui, l'amortissement et la propulsion. Il doit faire l'objet de toute votre attention.

Le sabot

C'est l'enveloppe cornée, qui correspond à l'ongle chez l'homme, dont la fonction est de protéger les parties internes vivantes et très sensibles (os et chairs) du pied.

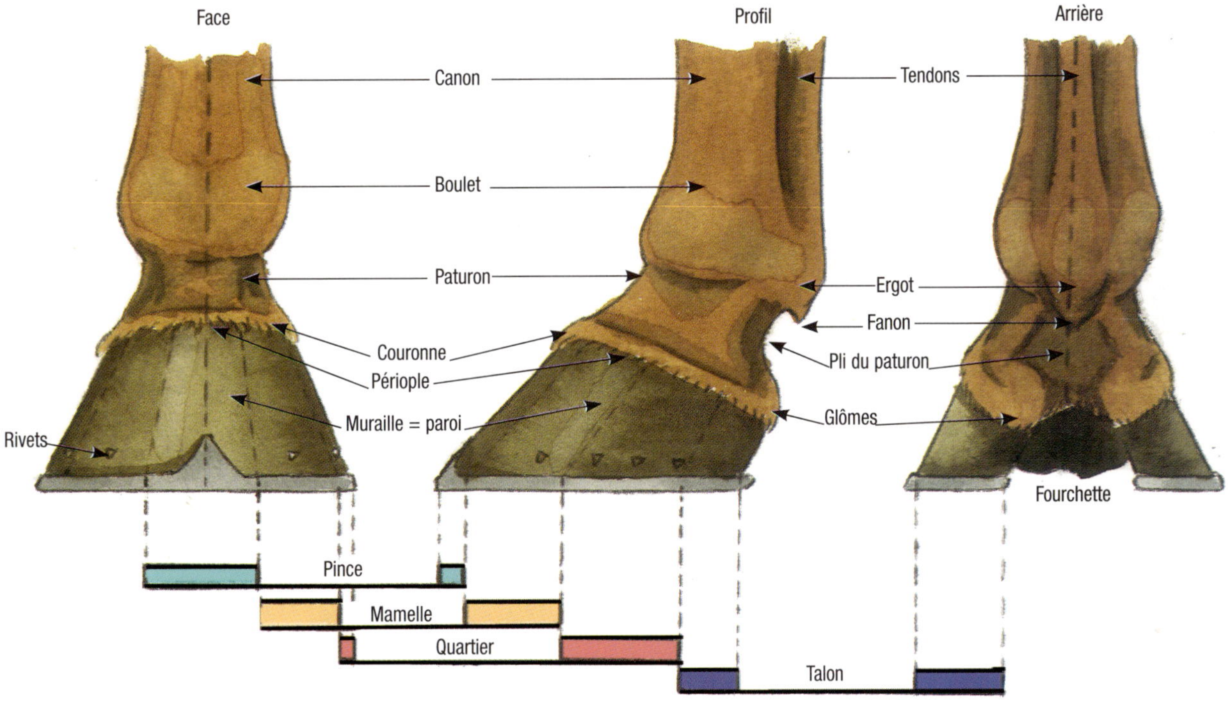

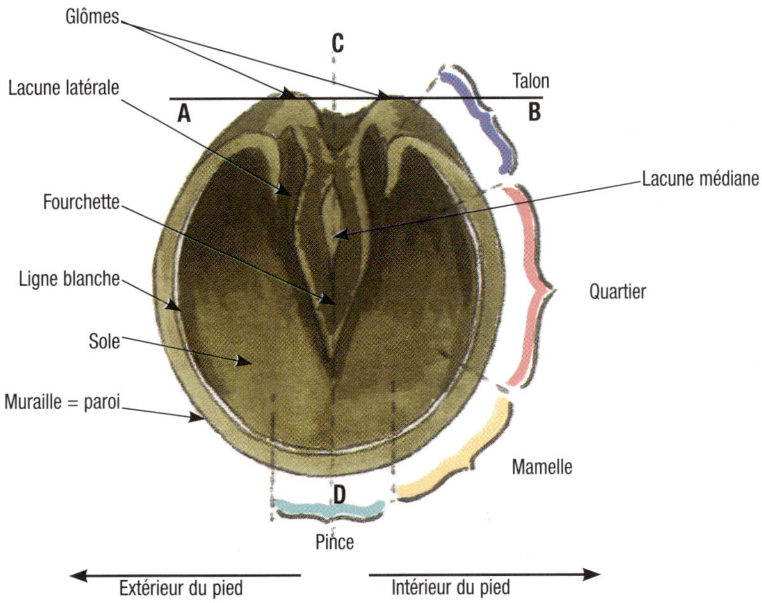

Pied paré d'aplomb : ligne AB perpendiculaire à ligne CD

La ferrure

Le fer à cheval est une bande métallique adaptée au bord plantaire du sabot. Il évite l'usure excessive de la corne liée au travail. La ferrure doit être renouvelée environ toutes les six semaines par le maréchal-ferrant.

A l'état naturel, la corne pousse proportionnellement à l'usure du pied.

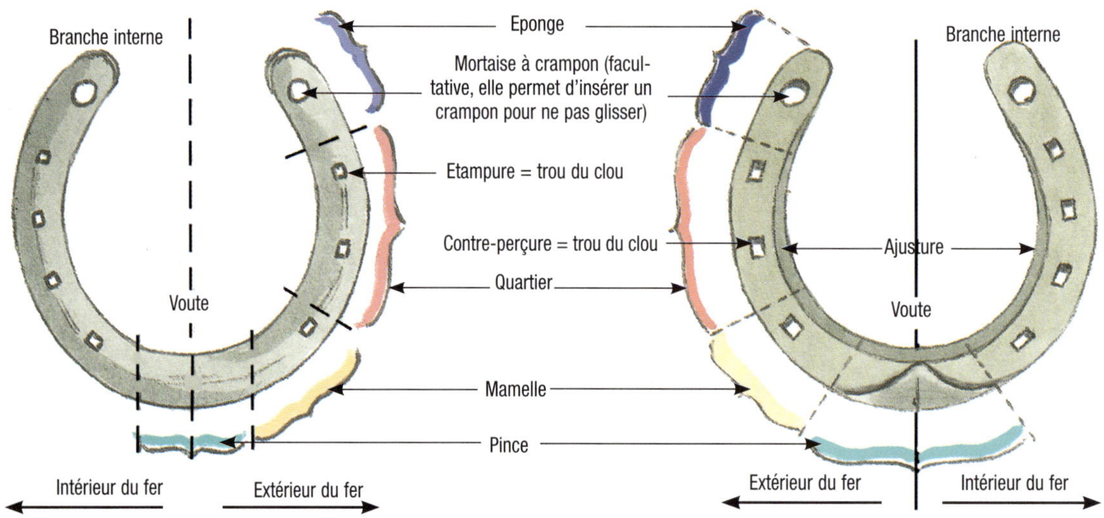

Fer vu de la partie en contact avec le sol

Vue supérieure du fer en contact avec le sabot

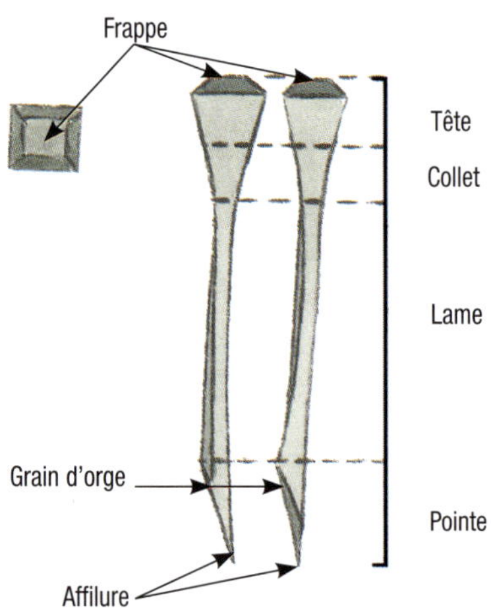

Clou à cheval

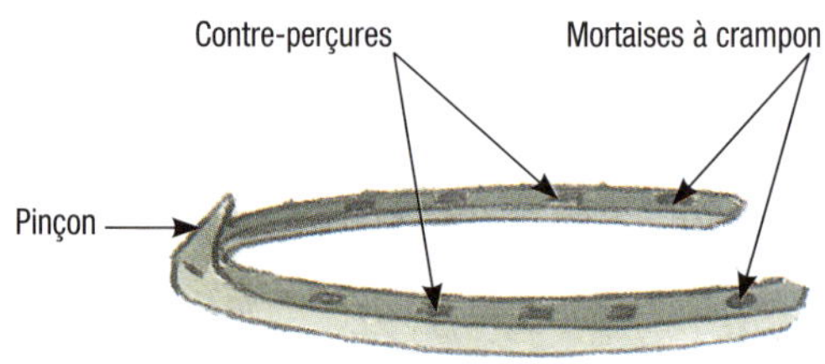

Fer (profil)

Soins aux pieds

Ils doivent être soignés avec une attention particulière.

Curez-les avant et après le travail, vérifiez l'état de la ferrure, qu'il n'y a pas de corps étranger et que le pied n'est pas anormalement chaud.

Graissez régulièrement les pieds (périople, paroi et sole) avec une pommade spéciale appelée onguent.

Description des membres

Le membre antérieur

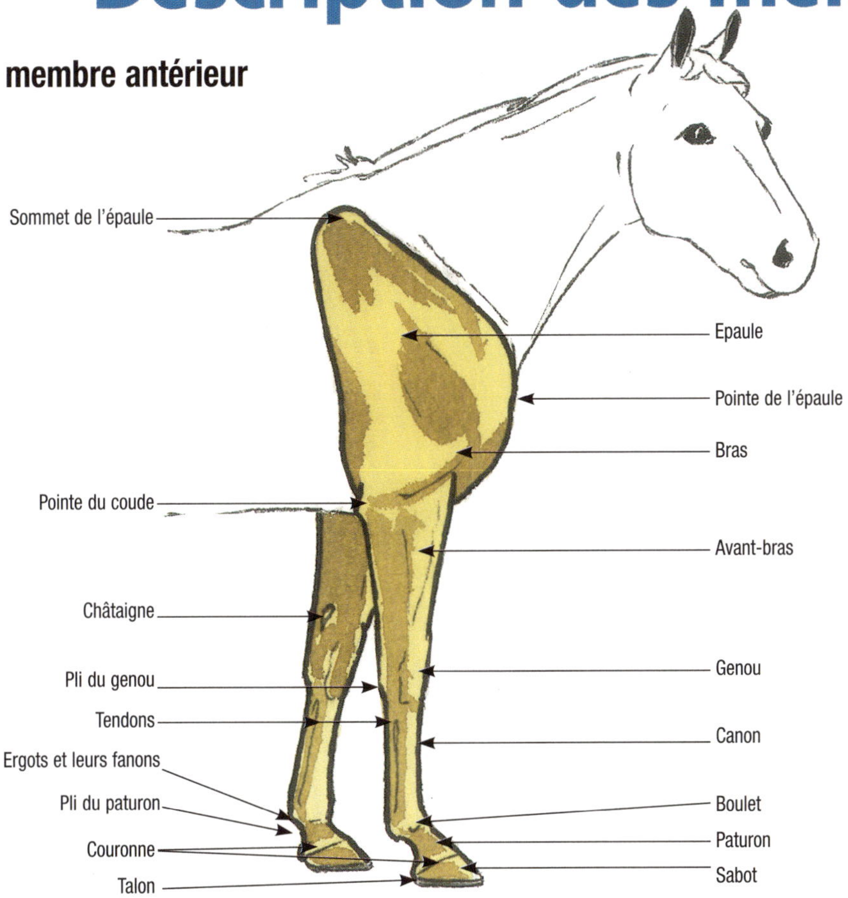

Le membre postérieur

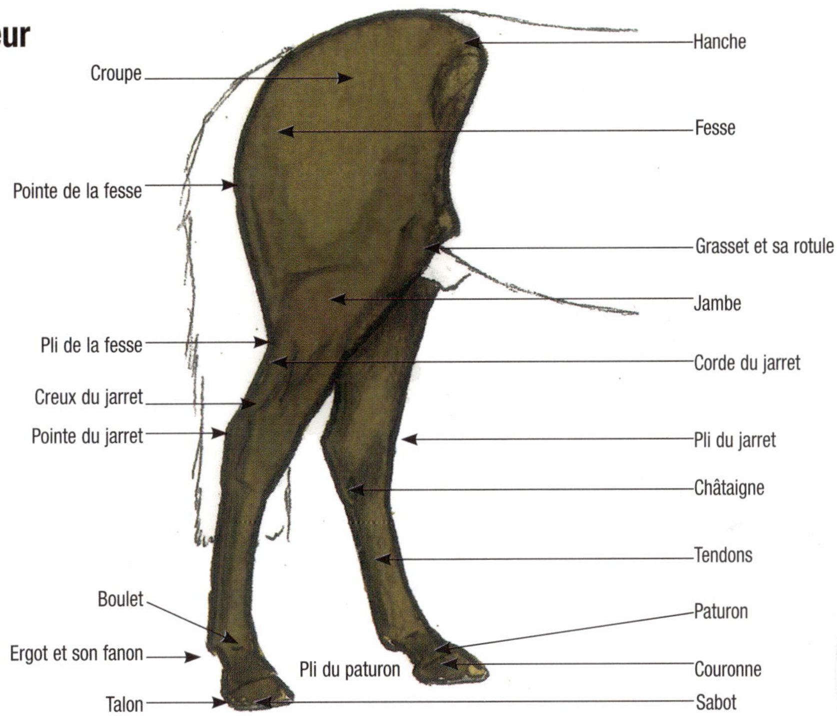

GALOP 3

Description de la tête

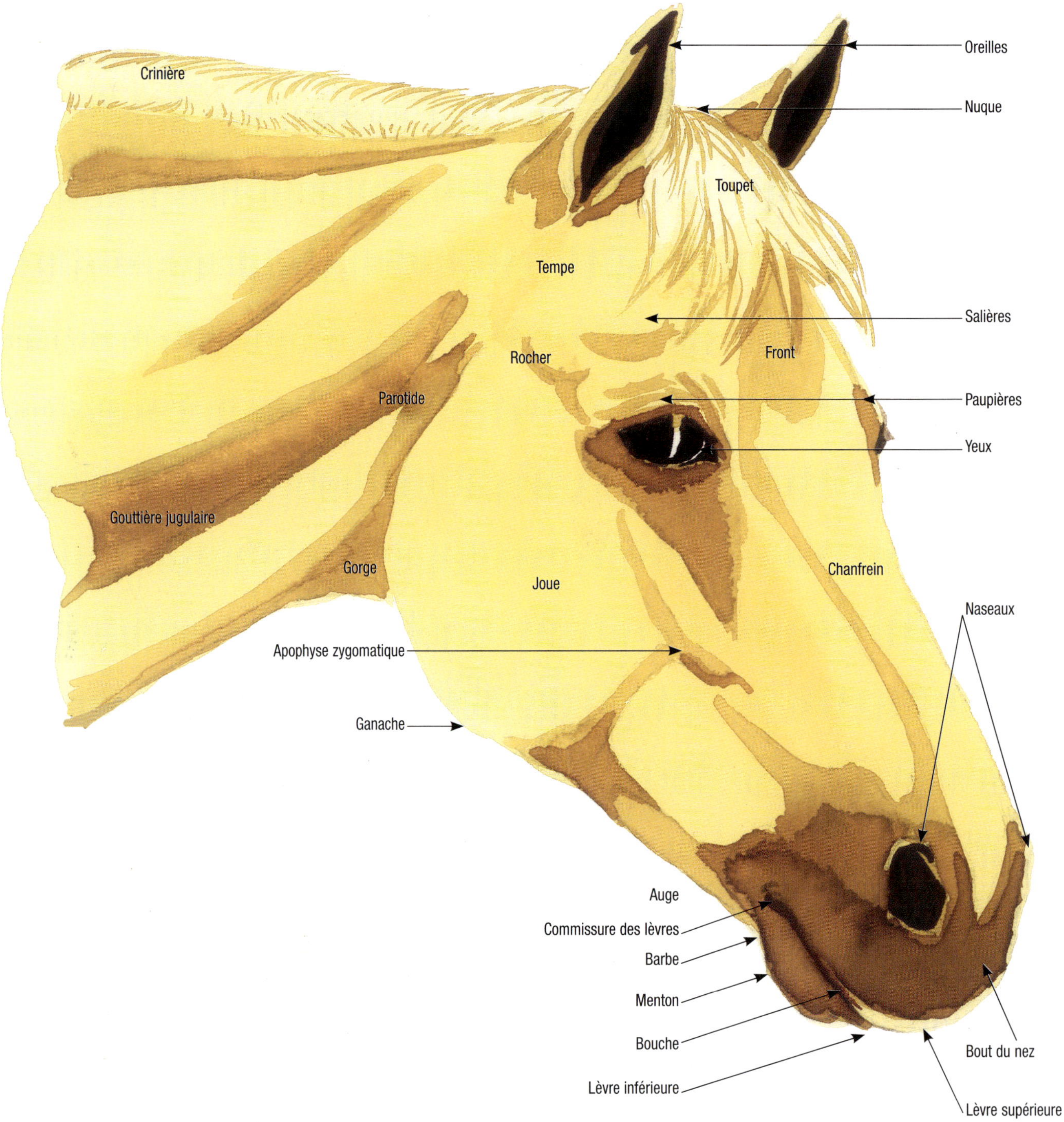

GALOP 3

Ajuster le harnachement

Le filet

Pour régler la hauteur du mors dans la bouche du cheval ou du poney, vous réglez les montants de façon égale. Le mors doit être en contact avec les commissures des lèvres sans les comprimer : deux plissures apparaissent au maximum.

La sous-gorge doit être bouclée sans serrer pour ne gêner ni la respiration, ni la déglutition.

Filet correctement ajusté

Filet trop court, compression excessive des commissures (douleur)

Filet trop long, le mors heurte les dents (douleur)

Les muserolles

Filet sans muserolle

Les muserolles limitent l'ouverture de la bouche.

Il en existe différents modèles qui sont choisis en fonction de l'effet recherché.

Ces muserolles ont chacune leurs réglages.

LA MUSEROLLE FRANÇAISE

Elle se règle à deux travers de doigts sous l'apophyse zygomatique sans serrer.

LA MUSEROLLE ALLEMANDE

Elle se règle sous les canons du mors de filet et ne doit comprimer ni les naseaux, ni la bouche.

LA MUSEROLLE CROISÉE

Elle se croise sur le chanfrein et présente deux lanières à boucler sans serrer sous l'auge et au pli de la barbe.

LA MUSEROLLE COMBINÉE

Elle s'emploie avec ou sans le nose-band.

La selle

Elle doit être positionnée d'aplomb sur le dos et sanglée sans serrer. Le pommeau doit être correctement dégarrotté, les étriers remontés tant que vous ne montez pas. Le tapis est solidaire de la selle grâce aux lanières enfilées sur les contre-sanglons.

Les protections et équipements supplémentaires

En fonction de la conformation générale du corps du cheval ou du poney, ou pour plus de sécurité, certains matériels sont ajoutés.

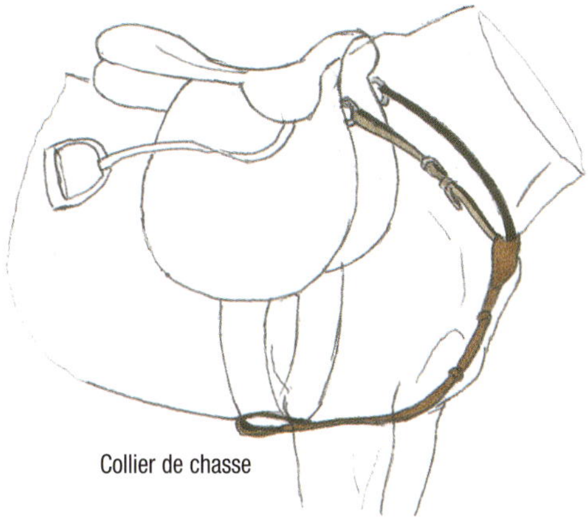

Collier de chasse

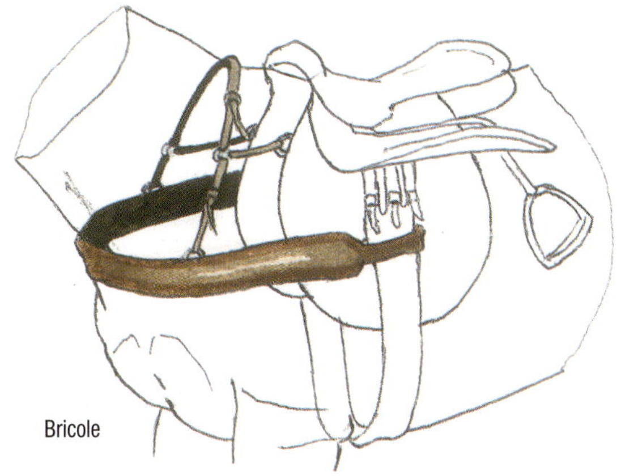

Bricole

Pour les chevaux ou les poneys faits « en montant », c'est-à-dire dont la hauteur du garrot est supérieure à celle des hanches, la selle risque de glisser vers l'arrière. Vous évitez ce problème en l'équipant d'une bricole ou d'un collier de chasse, lanières matelassées attachées à la selle et qui passent dans la sangle, ajustées sur le poitrail. Elles sont positionnées sans serrer.

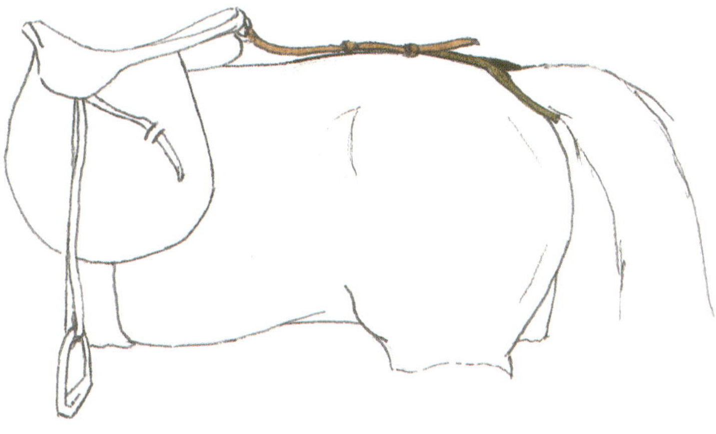

A l'inverse, pour les chevaux ou les poneys faits « en descendant », c'est-à-dire dont la hauteur du garrot est inférieure à celle des hanches, la selle risque de glisser vers l'avant. Vous évitez ce problème en l'équipant d'une croupière, lanière matelassée qui passe sous la queue et qui est reliée par un anneau à l'arrière de la selle. Elle ne doit pas être tendue ni trop lâche.

Les protections molletonnées

L'amortisseur de dos, sorte de coussin destiné à préserver le dos du cheval ou du poney des secousses de son cavalier, se pose entre le tapis et la selle.

Le padd est une petite pièce de tissu molletonné qui protège un garrot proéminent. Il se place sous le tapis, à hauteur du garrot.

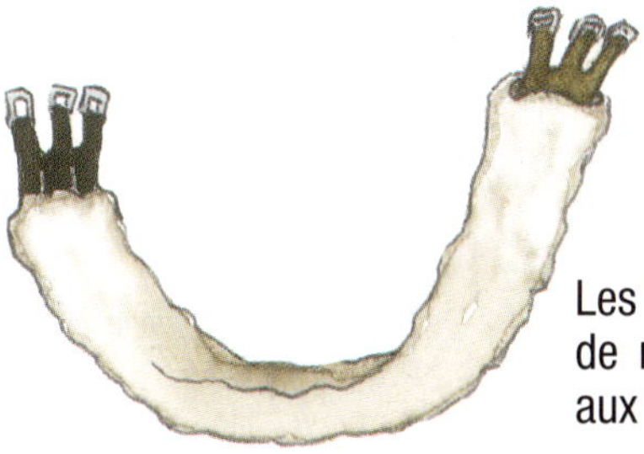

Les housses (de sangle, de muserolle ou de montant) évitent les blessures liées aux frottements.

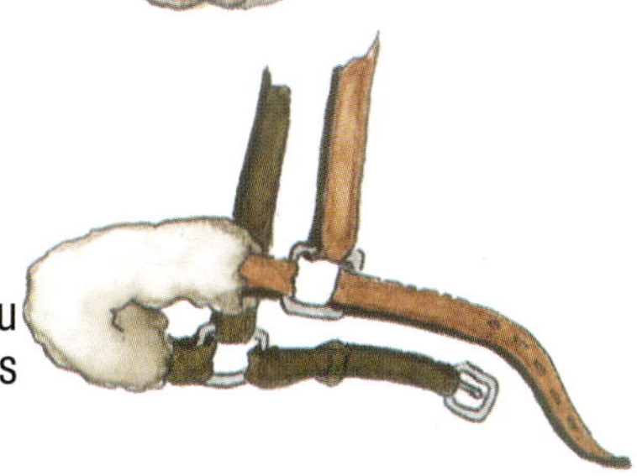

Les allures

On appelle allures les modes de locomotion qu'utilise le cheval ou le poney pour se déplacer. Les allures principales sont le pas, le trot, le galop. Pour éviter un obstacle, le cheval ou le poney utilise le saut.

Le pas

C'est une allure naturelle marchée, symétrique à quatre temps égaux, qui fait entendre quatre battues (bruit du poser d'un membre au sol) équidistantes.

C'est l'allure la plus lente dont la vitesse est d'environ 5 à 7 kilomètres à l'heure, soit une distance d'à peu près 110 mètres parcourue en une minute.

Le pas est l'allure ou le cheval ou le poney déplace chaque membre l'un après l'autre pour avancer.

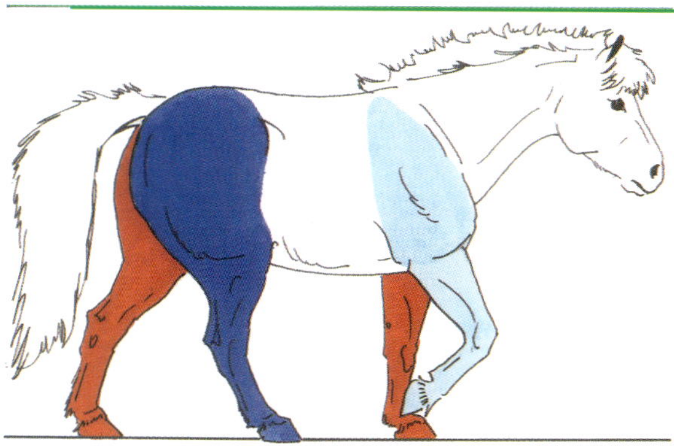

Poser du postérieur droit

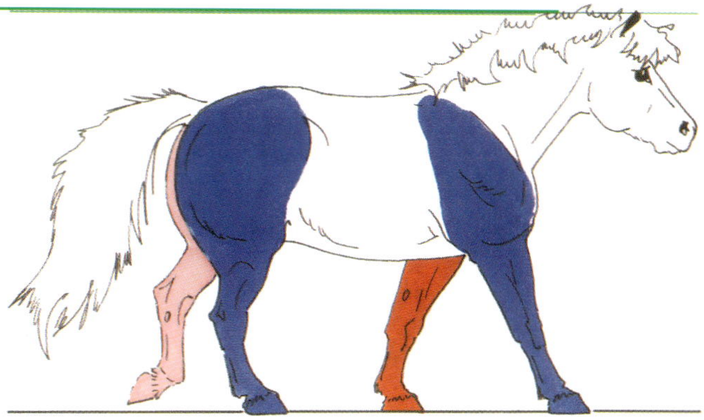

Poser de l'antérieur droit

MÉCANISME DU PAS

Le Trot

C'est une allure intermédiaire, sautée à deux temps égaux et symétriques dans laquelle le cheval ou le poney déplace successivement chaque bipède diagonal. Chaque temps de poser d'un bipède est séparé du suivant par un temps de projection : aucun membre ne touche le sol. On entend donc deux battues équidistantes.

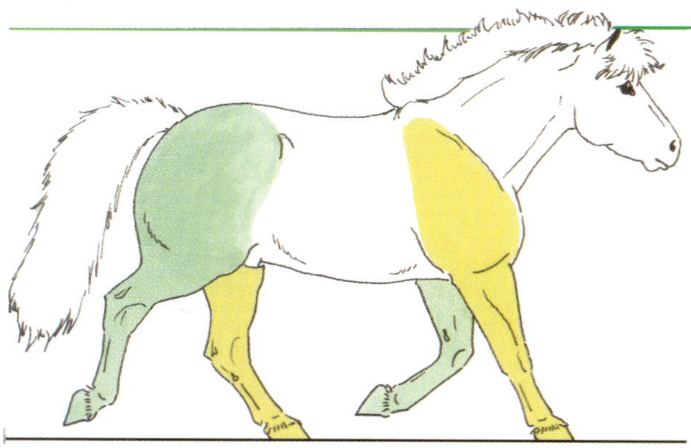

Poser du bipède diagonal droit (postérieur gauche ET antérieur droit)

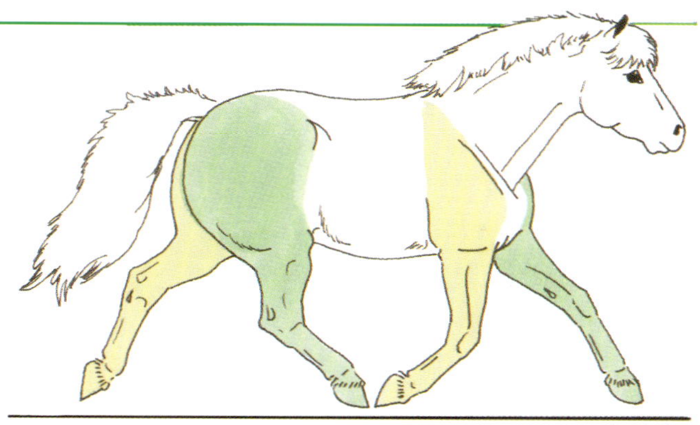

Projection (aucun membre au sol)

MÉCANISME DU TROT

Nous avons vu que l'impusion est issue de l'arrière-main.
Ainsi, toute description du mécanisme d'une allure se fait en commençant par citer le membre postérieur qui entame le mouvement, donc se pose en premier.

Sur l'ensemble des schémas des allures, les membres au poser ou en appui sont toujours signalés d'un contour continu et d'une couleur foncée, alors que les membres au lever ou au soutien apparaissent en contour discontinu et en couleur pastel.

Conseil pratique de mémorisation : chaque membre postérieur « pousse » son membre antérieur correspondant.

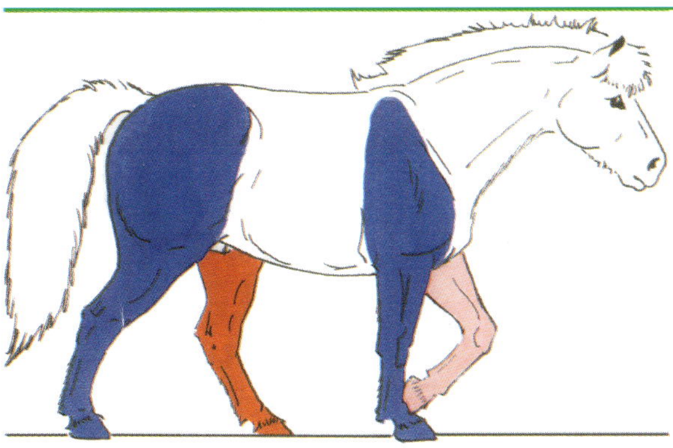

Poser du postérieur gauche

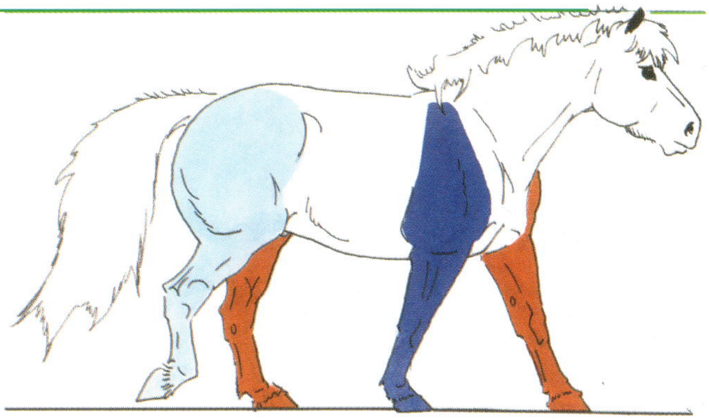

Poser de l'antérieur gauche

La vitesse du trot est d'environ 15 kilomètres à l'heure, soit à peu près 225 mètres parcourus en une minute.

Les trotteurs de course avoisinent les 60 kilomètres à l'heure...

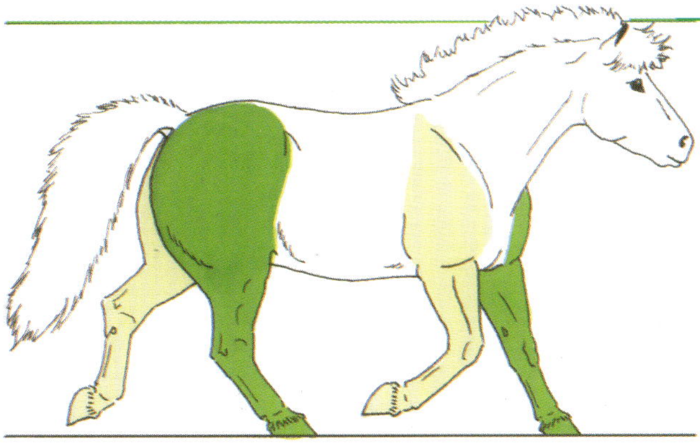

Poser du bipède diagonal gauche (postérieur droit ET antérieur gauche)

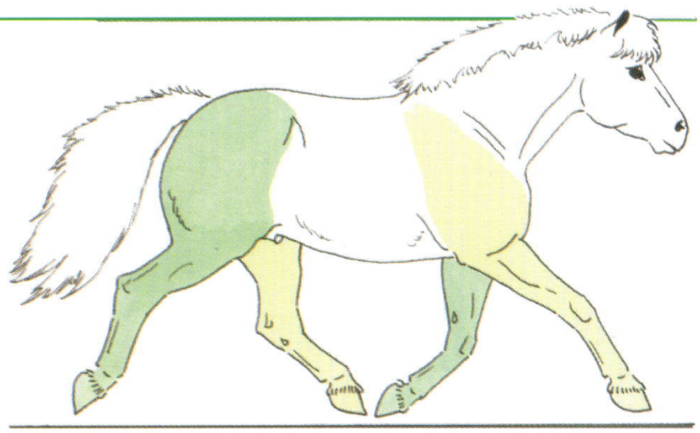

Projection (aucun membre au sol)

Le galop

C'est une allure naturelle, sautée, dissymétrique et basculée, à trois temps inégaux suivis d'une projection. La vitesse moyenne du galop est de 20 à 30 kilomètres par heure, soit 400 à 450 m parcourus en une minute.

Les galopeurs de courses hippiques dépassent 60 kilomètres à l'heure.

Poser du postérieur gauche — Poser du bipède diagonal gauche (postérieur droit ET antérieur gauch

<u>Mécanisme du galop à droite</u>

Poser du postérieur droit — Poser du bipède diagonal droit (postérieur gauche ET antérieur droit)

<u>Mécanisme du galop à gauche</u>

Etant dissymétrique, on distingue donc deux galops : le galop à gauche (le postérieur droit est le premier à se poser au sol, l'antérieur gauche va le plus loin) et le galop à droite (le postérieur gauche se pose en premier, l'antérieur droit en dernier).

En liberté, le cheval galope instinctivement sur le pied du côté où il tourne pour maintenir son équilibre. Monté, c'est le cavalier qui choisit le pied sur lequel il souhaite galoper.

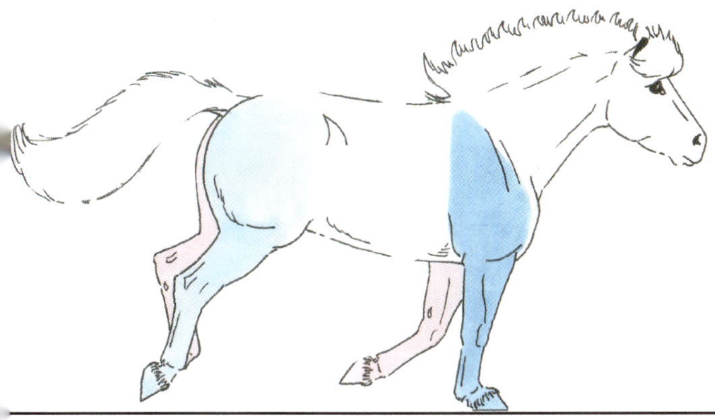

Poser de l'antérieur droit

Projection (aucun membre au sol)

Poser de l'antérieur gauche

Projection (aucun membre au sol)

Le saut

Le saut est le moyen dont dispose le cheval ou le poney pour franchir un obstacle qui lui barre le passage. Le saut est utilisé pour les obstacles en hauteur (mur, tronc...) ou ceux en profondeur (gués, trous...).

Les différentes phases du saut

Le saut se décompose en trois stades :

- la battue d'appel ;
- le franchissement ;
- la réception.

La battue d'appel

Ce sont les derniers posers de membres qui permettent au cheval ou au poney de projeter son corps en l'air. Les antérieurs suivis des postérieurs prennent leur battue.

Le franchissement

Il se décompose en trois phases :

- la phase ascendante, où les postérieurs, détendus projettent le corps en l'air, pendant que les antérieurs se replient ;

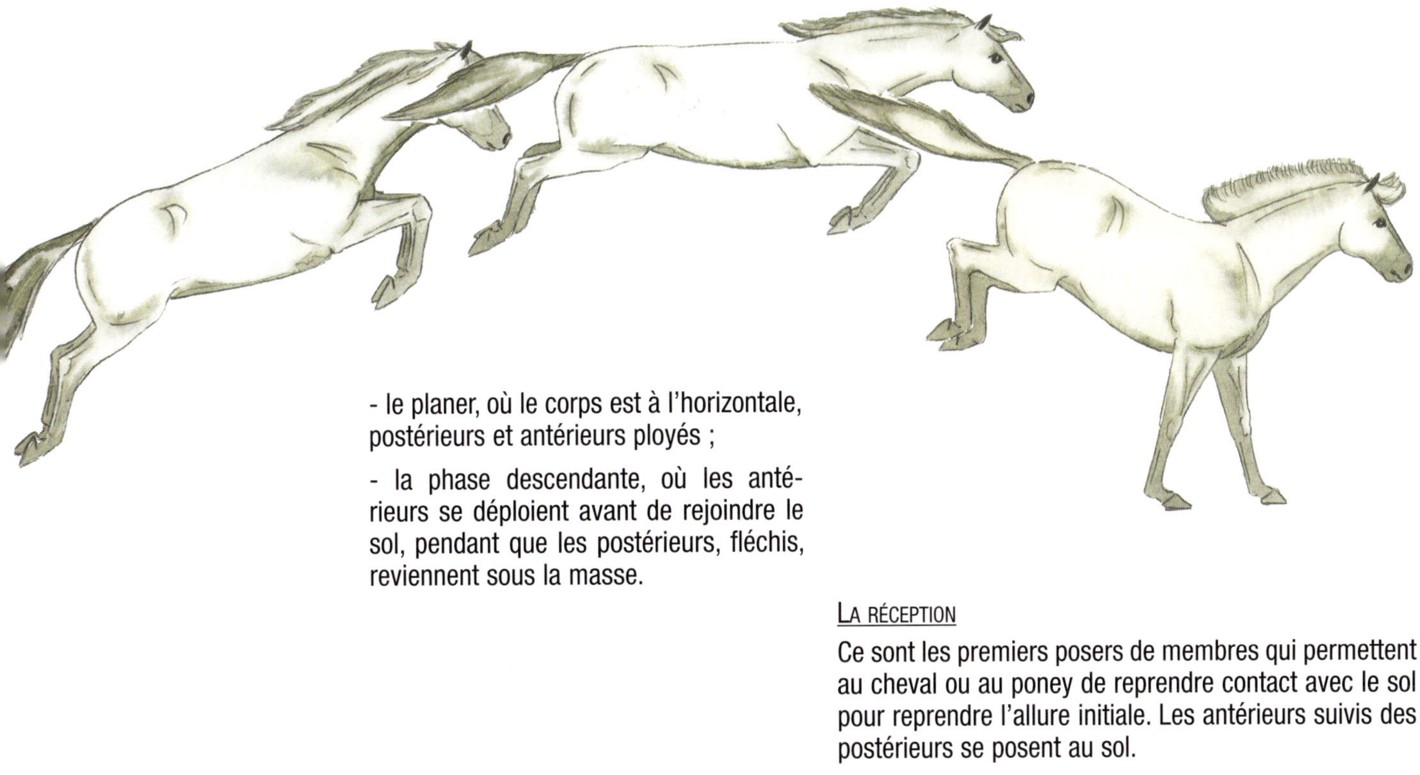

- le planer, où le corps est à l'horizontale, postérieurs et antérieurs ployés ;

- la phase descendante, où les antérieurs se déploient avant de rejoindre le sol, pendant que les postérieurs, fléchis, reviennent sous la masse.

La réception

Ce sont les premiers posers de membres qui permettent au cheval ou au poney de reprendre contact avec le sol pour reprendre l'allure initiale. Les antérieurs suivis des postérieurs se posent au sol.

Tourner

Les deux rênes dans une main

L'effet est toujours contraire : il permet de tourner du côté opposé à la rêne qui vient s'appuyer à la base de l'encolure en direction de l'oreille opposée. L'autre rêne s'écarte légèrement de l'encolure et ne contredit pas l'action de la rêne à l'appui.

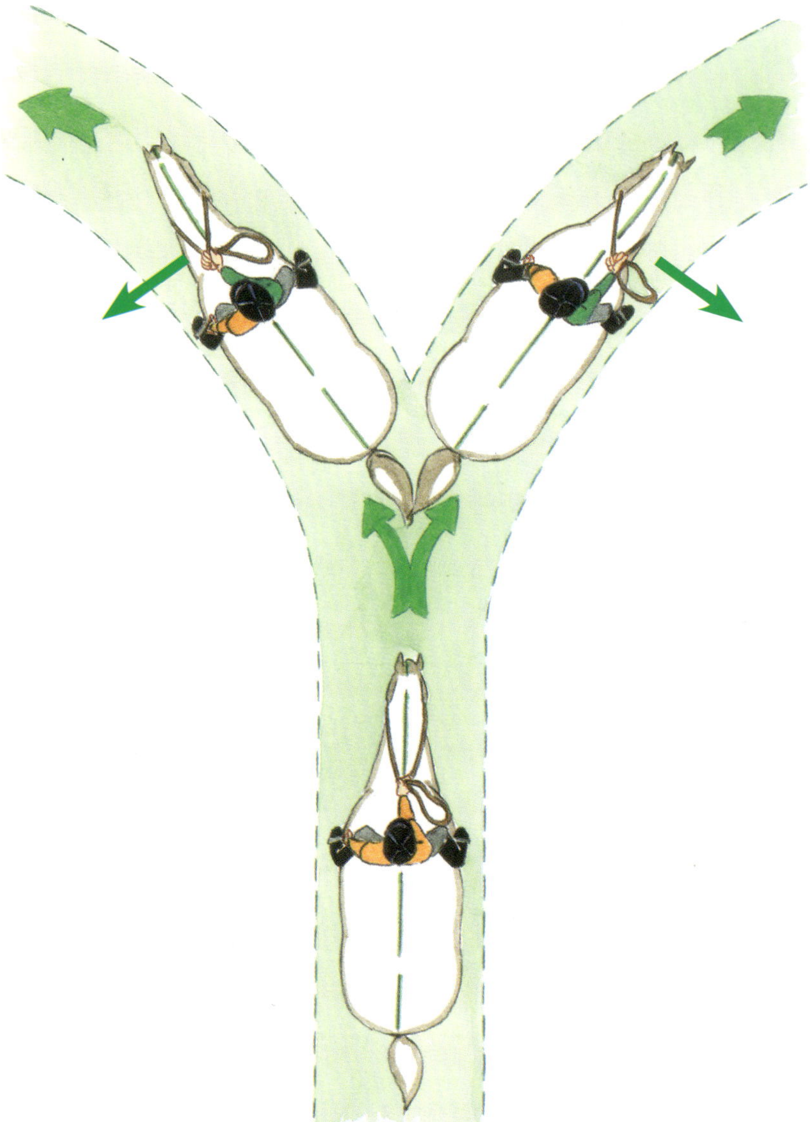

Tourner prend sur l'impulsion.

Le cavalier, avant de tourner, doit vérifier qu'il n'y a pas eu de perte d'activité, et entretenir ou augmenter le mouvement en avant pour que sa monture puisse tourner dans de bonnes conditions.

Une rêne dans chaque main

L'effet est direct et contraire :

- direct car il permet de tourner du côté de la rêne qui attire le bout du nez du cheval ou du poney du côté où le cavalier veut aller ;

- et contraire car la rêne extérieure appuie sur l'encolure pour renforcer l'effet sur le déplacement des épaules.

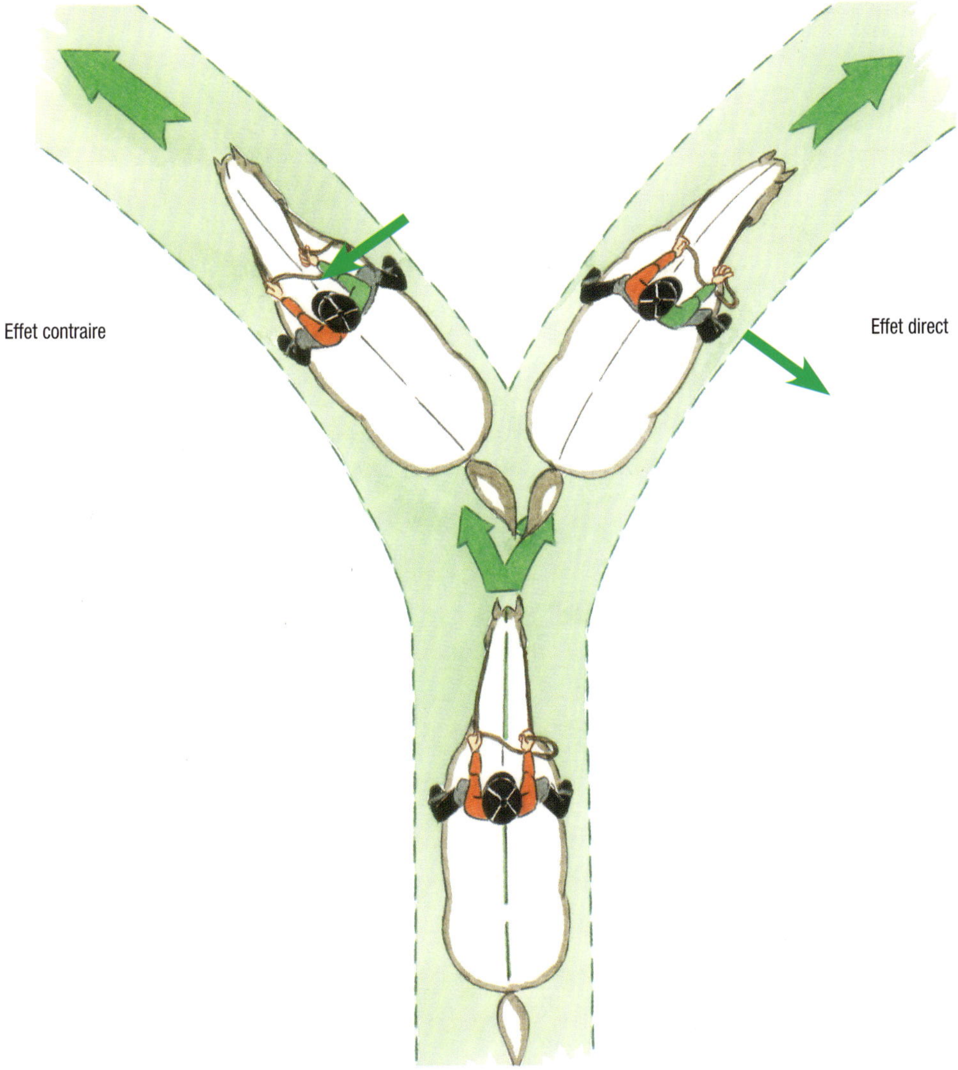

Quelle que soit la prédominance des actions faites, avec l'une ou l'autre rêne, le premier effet du tourner est le haut du corps dans son ensemble, c'est-à-dire, le regard, l'orientation de la tête, la rotation du buste, les deux bras dans la direction choisie, les épaules restant parallèles à celles de sa monture.

Les mains conservent toujours la même distance (environ 20 centimètres) entre elles. Elles ne doivent ni se croiser, ni s'écarter exagérément.

Galoper sur le pied choisi

Pour maintenir l'équilibre de votre monture, lorsque vous êtes piste à main droite, vous devez galoper sur le pied droit, et inversement, lorsque vous êtes piste à main gauche, vous devez galoper sur le pied gauche.

Le contrôle du pied sur lequel vous galopez vous permet, en pleine nature, de ne pas fatiguer de façon inégale votre monture en changeant régulièrement de pied de galop.

Le départ au galop

GALOP À DROITE : POSTÉRIEUR GAUCHE - DIAGONAL GAUCHE - ANTÉRIEUR DROIT - PROJECTION

Il se prépare en contrôlant la vitesse de l'allure à partir de laquelle vous demandez votre départ. À partir du trot ou du pas (plus difficile), reculez légèrement la cuisse extérieure et faites une pression des mollets pour déclencher le galop.

Ne vous penchez pas en avant, et agissez nettement avec vos jambes pour demander le changement d'allure.

Pour vérifier si votre monture est sur le bon pied, baissez les yeux sans vous pencher, et observez le mouvement de son épaule intérieure.

Si l'épaule gauche s'avance plus que la droite, vous galopez sur le pied gauche.

Si c'est l'épaule droite qui s'avance plus, vous êtes sur le pied droit.

Pour augmenter les chances de réussite, faites un cercle au trot et demandez le départ au galop lorsque vous rejoignez la piste.

Lorsque votre monture galope sur le pied gauche, vous sentez votre bassin qui accompagne l'allure, basculer d'arrière en avant et de la droite vers la gauche.

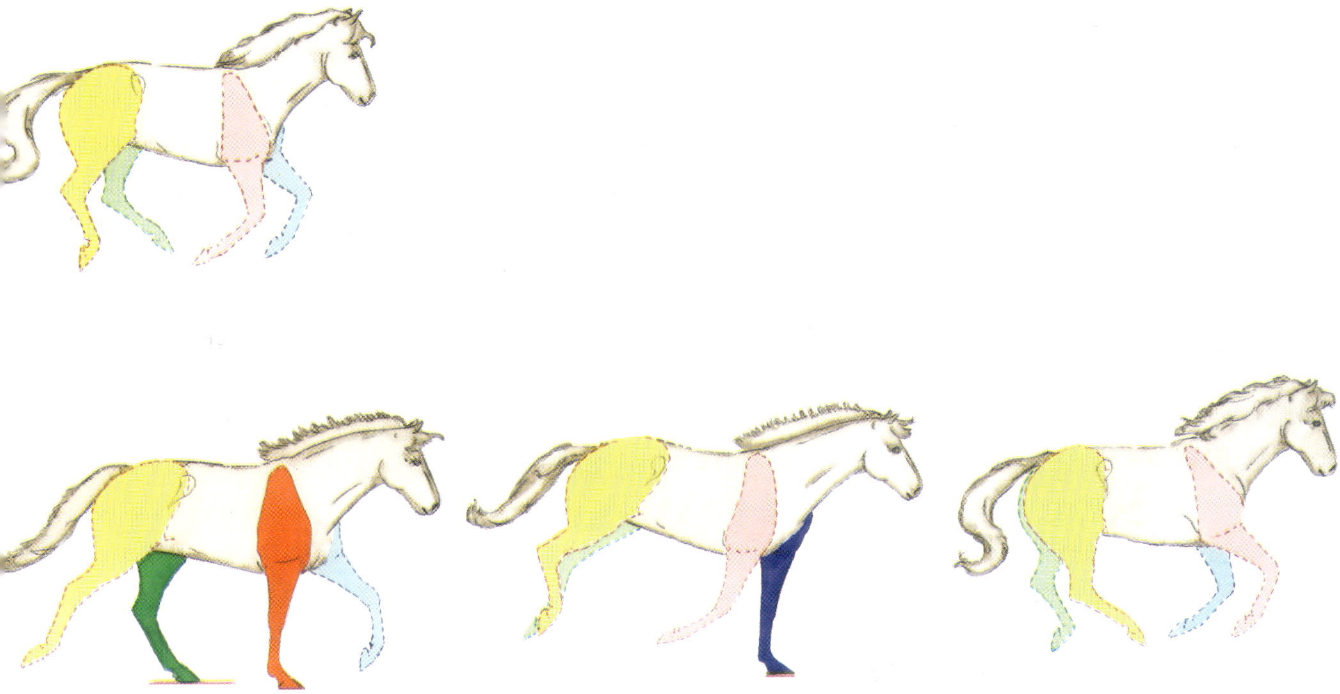

GALOP À GAUCHE : POSTÉRIEUR DROIT - DIAGONAL DROIT - ANTÉRIEUR GAUCHE - PROJECTION

Par convention,

- on dit qu'un cheval ou un poney galope « juste » ou « sur le bon pied » lorsqu'il galope sur le pied correspondant à la main à laquelle il évolue.

Exemple, piste à main droite, galop à droite, la monture galope « juste », « sur le bon pied ».

- on dit qu'il galope « à faux » ou au « contre-galop » lorsqu'il galope sur le pied opposé à la main à laquelle il évolue.

Exemple, piste à main droite, galop à gauche, la monture galope « à faux » ou « au contre-galop ».

Changer de diagonal au trot enlevé

Vous devez changer régulièrement de bipède diagonal au trot enlevé pour éviter de fatiguer exagérément un bipède plus que l'autre. En effet, c'est le bipède diagonal avec lequel vous vous asseyez qui fatigue le plus. C'est d'autant plus important pour votre monture lorsque vous êtes sans repère de main, à l'extérieur.

Au manège ou en carrière, vous devez trotter avec le bipède diagonal extérieur, c'est-à-dire le bipède diagonal gauche si vous êtes à main droite et inversement.

Il est important de respecter parfaitement le rythme du trot pour trotter enlevé en cadence avec l'allure et pouvoir contrôler le changement de bipède diagonal.

Si vous n'êtes pas régulier dans votre trot enlevé, vous ne conservez pas le même diagonal de trot, il vous est impossible d'en contrôler le changement.

DEUX TEMPS SUCCESSIFS ENLEVÉS

Pour changer de bipède diagonal, il vous faut rompre l'alternance « assis - debout » de votre trot enlevé. Il y a deux façons de procéder :

- vous restez deux temps successifs enlevé de la selle avant de vous rasseoir ;
- vous restez deux temps successifs assis dans la selle avant de vous enlever.

Ces deux modes de fonctionnement sont laissés à votre préférence.

DEUX TEMPS SUCCESSIFS ASSIS

Contrôler le saut

Dans l'attitude d'équilibre sur les étriers, vous devez contrôler l'allure et sa vitesse, diriger votre monture vers le milieu de l'obstacle à franchir et contrôler la reprise de l'allure dès la réception.

A l'abord

Vos jambes au contact, vous prévenez tout ralentissement ou changement d'allure en agissant si nécessaire, à la sangle.

Vos mains en contact avec la bouche de votre monture interdisent toute accélération et la conduisent perpendiculairement au milieu de l'obstacle.

Votre regard en direction de l'obstacle en garantit l'abord.

En approchant de l'obstacle, vos fesses se rapprochent du siège (sans vous asseoir, en fléchissant les genoux) par un léger redressement du buste, les doigts se décontractant sur les rênes sans les laisser se rallonger et en contrôlant la ligne droite par le couloir des deux rênes.

A la réception

Redressez-vous légèrement en vous rapprochant de la selle, regardez devant vous, conservez le tracé en ligne droite et entretenez ou augmentez l'impulsion.

> Restez sobre dans vos interventions. Laissez votre monture fonctionner sous vous lors du saut. Ne vous jetez pas en avant ni ne vous rasseyez à l'abord.

GALOP 3

Soigner avant et après le travail

Votre monture dessellée et débridée, vous lui prodiguez les soins nécessaires en vérifiant son état général.

Panser et soigner

Zones vertes : ce sont les parties du corps de votre monture que vous devez particulièrement surveiller.

<u>Les pieds</u>

Curez les quatre pieds pour en contrôler l'aspect, nettoyer la sole, la fouchette et ses lacunes.

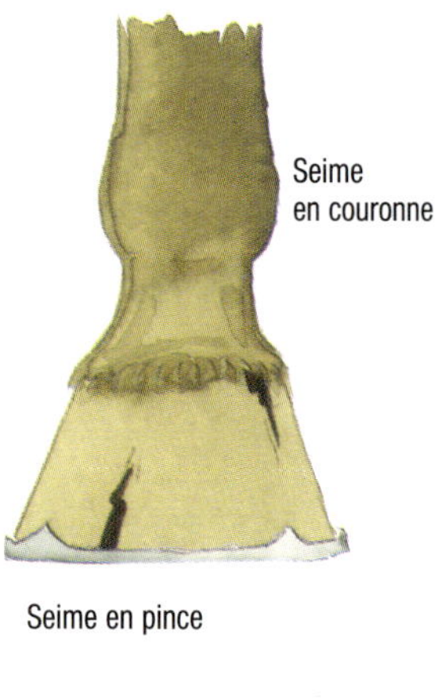

Seime en pince

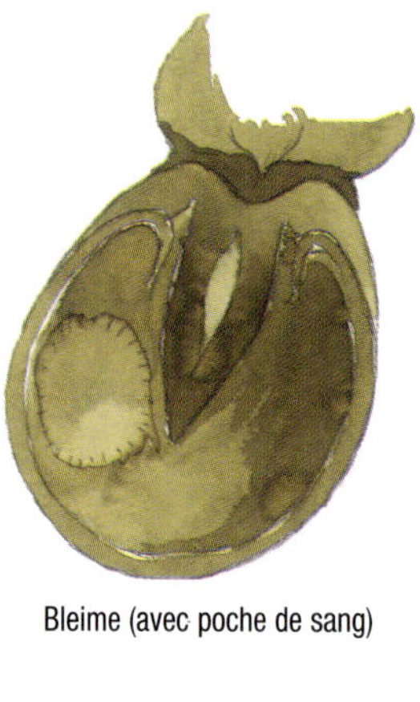

Bleime (avec poche de sang)

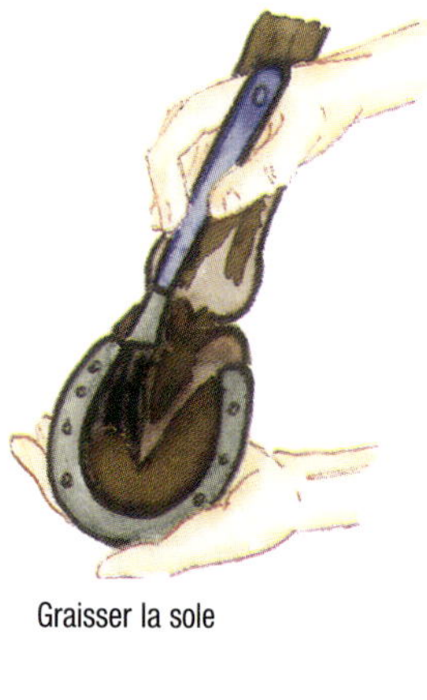

Graisser la sole

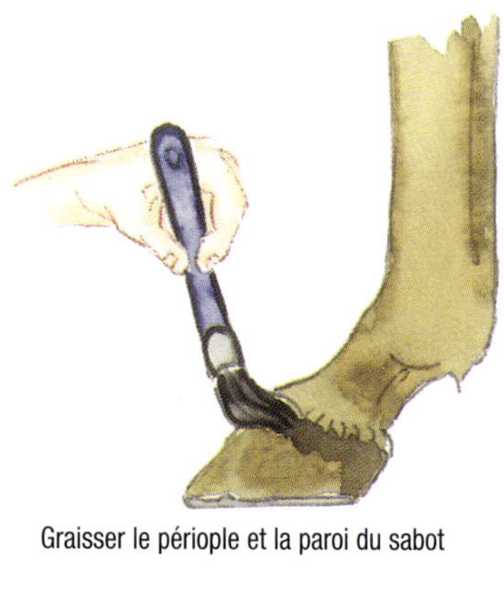

Graisser le périople et la paroi du sabot

Assurez-vous de l'absence de BLEIME (formation d'une poche de sang sur la sole due à un coup), de CLOU DE RUE (perforation accidentelle de la sole) et du bon état de la ferrure (pas de clou manquant, fer usé ou branlant, rivet trop sorti).

Graissez la sole.

Graissez le pied au niveau du périople et de la paroi. La graisse conserve leur souplesse et évite l'apparition de SEIMES (fentes verticales de la paroi) en pince ou en couronne.

Les membres

Genou engorgé

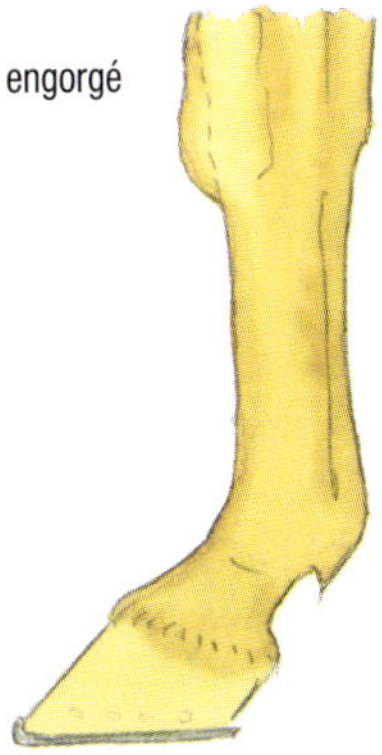

Gros genou

Jarret engorgé

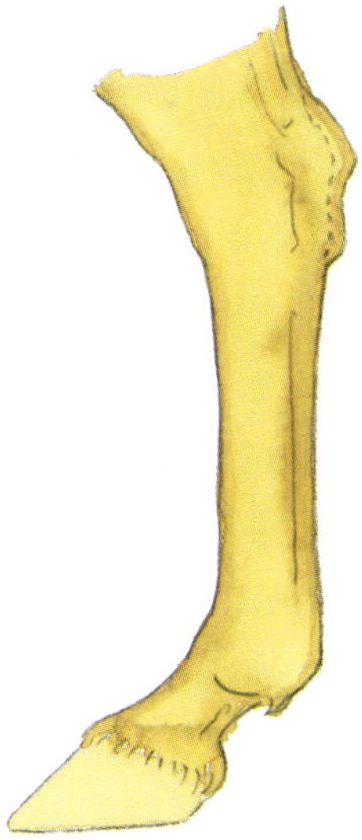

Gros jarret

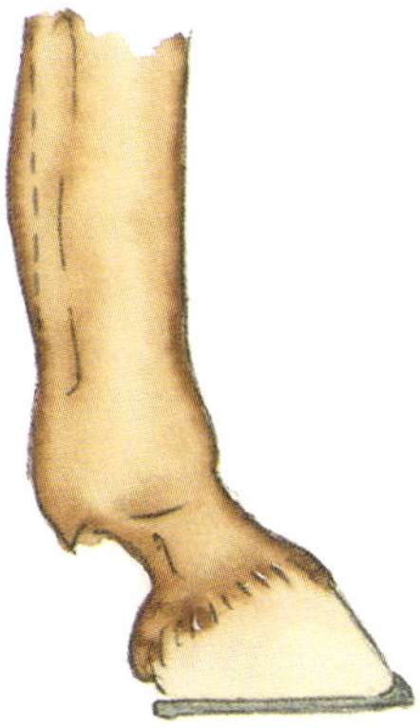

Tendons déformés en « banane »

Si vous ne les douchez pas, brossez les membres en entier.

Passez la main sur les tendons, canon, boulet, paturon et couronne de chaque membre pour vous assurer qu'il n'y a pas de température anormale, réaction thermique due à une inflammation.

Repérez toute sensibilité et tout gonflement anormaux.

Vérifiez l'absence de blessure (plaie, coupure ou écorchure) ou d'atteinte (blessure due au choc de deux membres entre eux) en regardant attentivement, et en soulevant le poil.

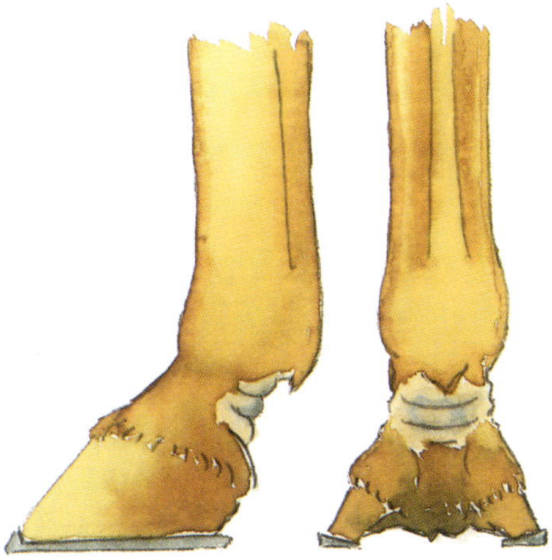

Crevasses au pli du paturon

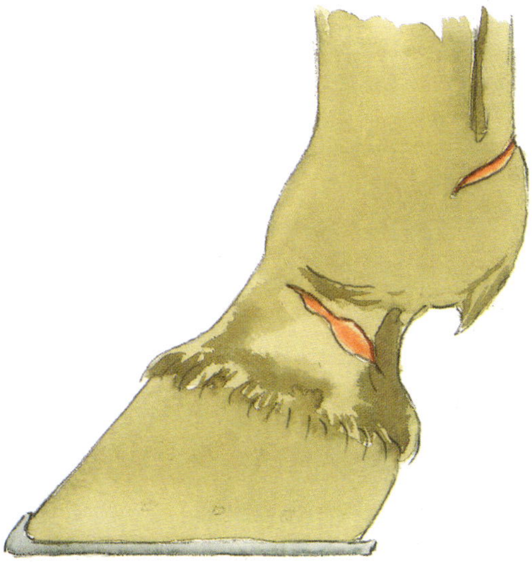

Atteintes

Le corps

Si votre monture est mouillée suite au travail, frictionnez-la énergiquement avec de la paille propre que vous tassez dans la main pour former un bouchon de paille. Ce bouchon absorbe la sueur. Lorsqu'il est trop humide, remplacez-le. Le massage issu de ce soin prodigue un grand confort à votre monture.

Si la température extérieure le permet, douchez les membres et le corps. Vous les lavez et les massez.

La boue et les salissures étant enlevées par l'eau, passez le couteau de chaleur sur les parties charnues du corps du cheval ou du poney, outil qui permet de retirer la majeure partie de l'eau pour un séchage plus rapide.

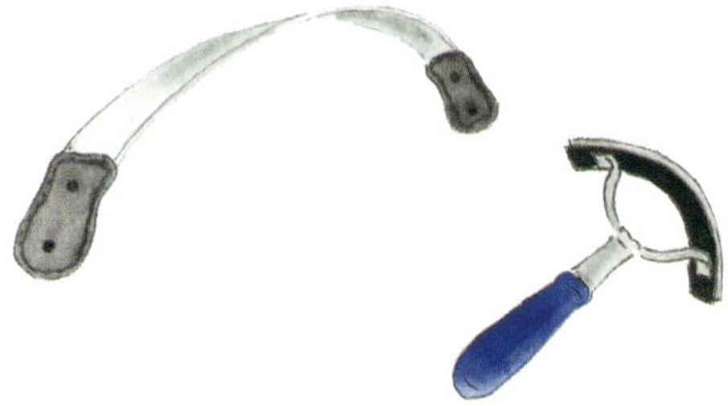

Veillez à essuyer soigneusement les membres douchés avec un linge propre et sec. Vous insistez particulièrement au pli des articulations pour éviter l'apparition de gerçure ou de crevasse.

Selon la température extérieure et la saison, mettez une ouverture séchante pour qu'il ne prenne pas froid.

Douche en jet directionnel : lave et masse les tendons

Douche en pluie : lave

Le poil étant sec, vous étrillez et brossez.

Regardez et passez la main soigneusement sur le garrot, le dos et le passage de sangle pour détecter tout gonflement ou perte de poils anormaux, et toute blessure.

Vérifiez l'état des organes génitaux et de l'anus.

La tête

Brossez-la en douceur avec la brosse en chiendent, puis avec la brosse en soie.

Lavez les yeux, les naseaux et la bouche avec une éponge propre et humide.

Assurez-vous qu'il n'y a aucune rougeur ou blessure sur l'ensemble des trajets du filet et de la muserolle.

Entretenir la litière

Fonctions de la litière

Quelle que soit sa composition, elle apporte un maximum de confort au cheval ou au poney en l'isolant du froid, et en constituant un matelas sur lequel il se couche. Elle absorbe l'urine et les mauvaises odeurs.

La litière de paille, la plus fréquente, présente l'avantage de compléter le lest intestinal et de lutter contre l'ennui du cheval ou du poney, celui-ci pouvant en mâchonner les brins propres tout au long de sa journée. Elle est toutefois contre-indiquée chez les animaux souffrant de problèmes respiratoires, d'allergie ou de problèmes digestifs.

Elle est alors remplacée par de la tourbe, des copeaux de journaux, de la sciure de bois... Dans ces cas, il faut obligatoirement mettre à disposition du cheval ou du poney du foin sec et propre, exempt de toute poussière, dans un filet ou dans un ratelier.

Entretien de la litière

L'entretien régulier et soigneux de la litière permet de veiller à la bonne santé générale du cheval ou du poney. Il évite la prolifération des parasites.

L'état de la mangeoire et de l'abreuvoir doit être contrôlé systématiquement matin et soir : en retirer tous les corps étrangers (crottins, brins de paille ou de foin), et les nettoyer à fond.

LE MATIN

Retirez la paille sale que vous remplacez par de la paille propre, en laissant une réserve sur les pourtours de l'hébergement (litière en bateau).

LE SOIR

Retirez les crottins et refaites la litière en bateau avec de la paille propre.

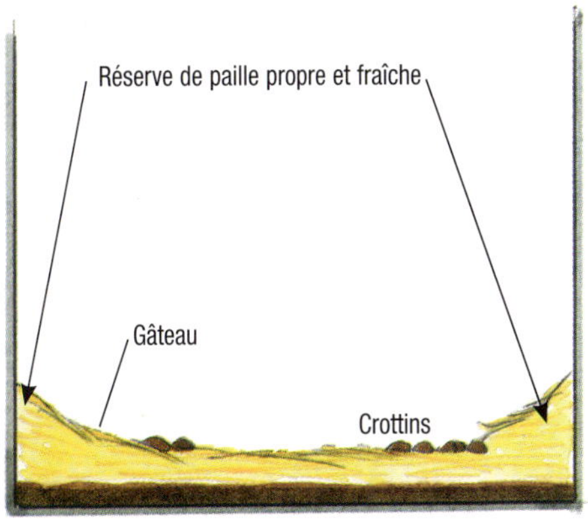

Litière en bateau

PÉRIODIQUEMENT

Une à deux fois par semaine, curez l'hébergement.

Enlevez toute la litière, balayez et désinfectez le sol, lavez l'abreuvoir et la mangeoire.

En été, curez plus souvent.

En hiver, conservez un « gâteau », partie inférieure de la litière, pour diffuser de la chaleur.

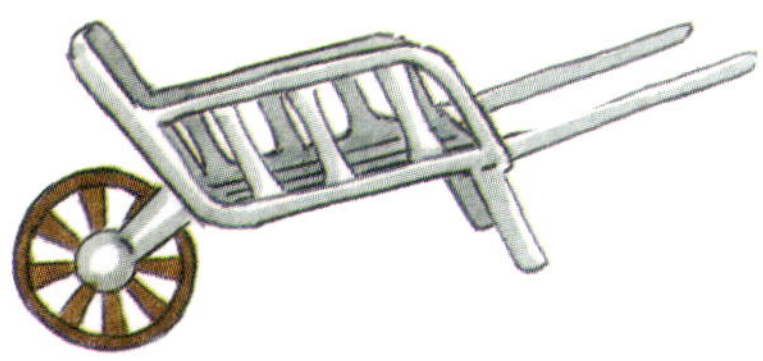

L'alimentation

Le cheval est un herbivore qui passe le plus clair de son temps à brouter lorsqu'il est à l'état naturel ou en pâture, mais ne rumine* pas.

Son estomac simple étant petit (12 à 15 litres) et fragile, il est recommandé de fractionner la ration quotidienne en trois (voire cinq) repas devant être donnés à heure fixe.

Il faut éviter de faire travailler le cheval ou le poney dans l'heure qui suit la distribution d'un repas pour éviter tout problème digestif.

La ration journalière doit être équilibrée et adaptée à l'âge, au sexe, à l'activité et au poids de l'équidé. Elle doit avoir un volume suffisant pour permettre au transit intestinal** de s'effectuer dans de bonnes conditions, c'est pourquoi la paille, le foin ou l'herbe sont indispensables.

Un cheval ou un poney en convalescence ou au repos voit sa ration diminuée.

Les volumes distribués sont répartis dans la journée en fonction des périodes d'activité du cheval ou du poney.

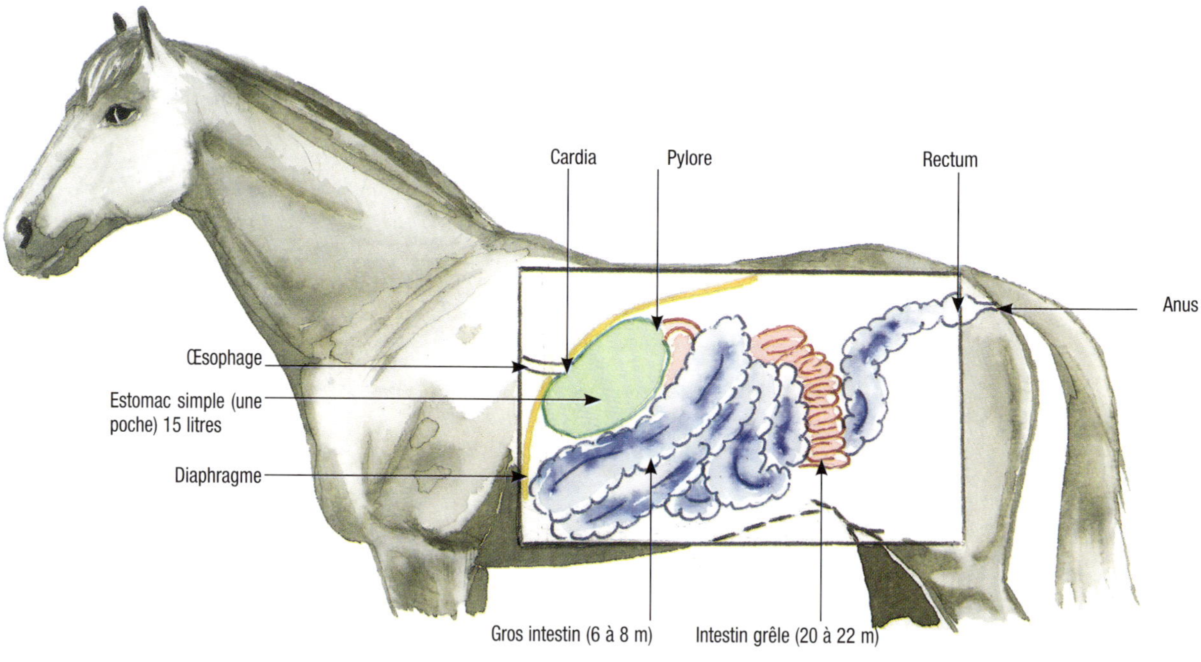

Partie inférieure de l'appareil digestif d'un cheval ou d'un poney

GALOP 4

* RUMINER : remâcher des aliments descendus dans l'estomac et ramenés à la bouche (exemple : la vache rumine).

** TRANSIT INTESTINAL : chemin parcouru par la nourriture dans les intestins.

Les différents aliments

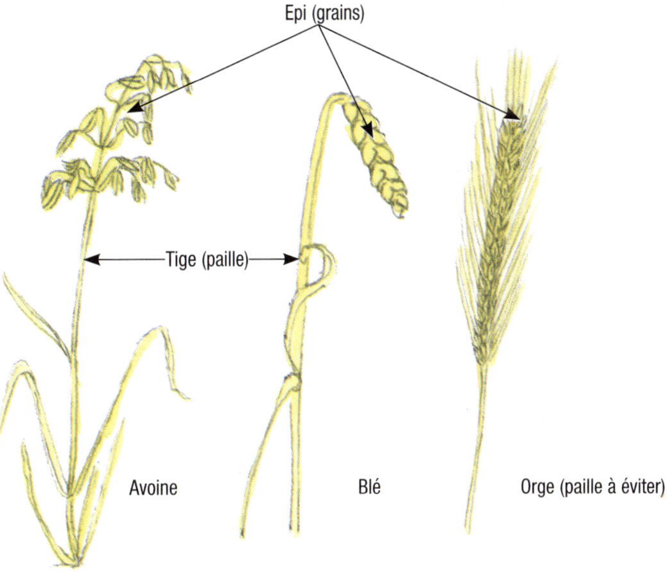

Ils sont classés en deux grandes familles :

<u>Les fourrages</u>

- la paille : ce sont des tiges coupées et séchées issues des graminées*, essentiellement des céréales** pour les équidés, dont les grains ont été ôtés. La paille d'orge est à éviter car elle contient des barbules, piquants des épis, pouvant blesser la bouche ;

- le foin : ce sont les herbes coupées et séchées issues des prairies naturelles ou artificielles (luzerne, trèfle...). Le foin doit répandre une bonne odeur, présenter une couleur vert plus ou moins foncé, craquer au toucher et être dépourvu de toute poussière.

La valeur alimentaire de la paille ou du foin est faible, mais leur rôle est essentiel dans la digestion et la lutte contre l'ennui d'un cheval ou d'un poney enfermé dans son hébergement.

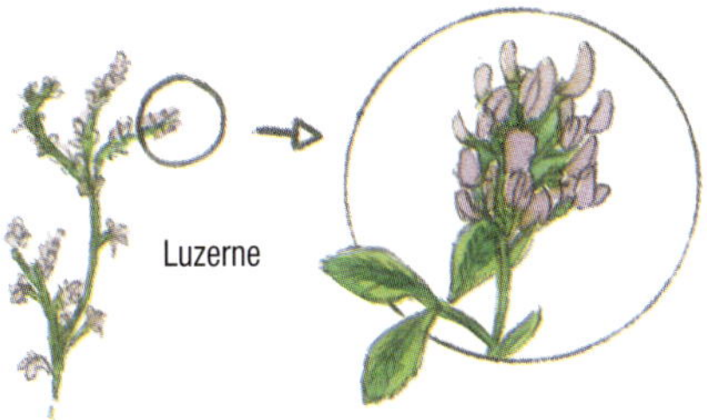

<u>Les concentrés</u>

Ils se présentent sous deux formes :

- les céréales : trois céréales sont utilisées pour l'alimentation des équidés.

L'avoine : noire, grise ou blanche, elle est considérée comme la base de l'alimentation. Elle est distribuée en grains entiers, germés, aplatis ou concassés.

L'orge : ses grains jaunes et durs sont distribués concassés, aplatis ou détrempés. Gonflés avec de l'eau chaude et mélangés à du son, ils constituent un « barbottage » très apprécié et adapté aux équidés convalescents.

Le maïs : ses gros grains jaunes sont idéaux en complément alimentaire. Ils sont distribués entiers, concassés ou détrempés. Ils favorisent la remise en état d'un cheval ou d'un poney un peu maigre, mais il faut en distribuer avec modération.

* Graminées : plantes à tiges creuses (chaumes) remplies de pulpe (maïs) ou ligneuses (bambou) portant des grains.

** Céréales : graminées dont les grains, parfois réduits en farine, servent à la nourriture de l'homme et des animaux domestiques (blé, avoine, orge, maïs, riz...).

Granulés

- les aliments complets

Ils sont élaborés industriellement à partir des produits naturels, et se présentent sous forme floconnée ou de granulés. Ils sont complémentarisés en sels minéraux, vitamines et oligoéléments.

Les étiquettes indiquent l'utilisation concernée (gestation, repos, intensité du travail...).

Son (partie extérieure du grain)

Farine

Pain

Carotte

Betterave fourragère

Pomme de terre

Fruits (à couper)

Les aliments de substitution et les friandises peuvent compléter partiellement la ration, voire remplacer totalement un repas (mash).

C'est le cas notamment lors des jours de repos du cheval ou du poney pendant lequel un mash, repas de substitution, est distribué le soir.

Les mélasses, résidus de sucreries, et les tourteaux, résidus d'huileries, font partie des ajouts partiels à la ration.

Fourrages, concentrés, aliments complets, aliments de substitution et friandises doivent toujours être de bonne qualité, exempts de moisissure et de poussière.

L'EAU

C'est un élément fondamental de l'alimentation.

Le cheval ou le poney boit de 20 à 40 litres d'eau par jour.

L'eau doit toujours être fraîche, claire, propre et ne doit répandre aucune odeur désagréable.

S'il n'y a pas d'abreuvoir à distribution automatique, vous devez veiller à ce que l'eau soit à disposition à volonté en réalimentant le récipient concerné régulièrement en journée (notamment lors de la distribution de chaque repas).

Si le cheval ou le poney dispose d'un abreuvoir automatique, ce contrôle s'avère inutile, mais vous devez veiller à maintenir l'appareil en parfait état de marche, et propre.

Quel que soit le mode d'abreuvement, il n'est pas rare d'y trouver de la paille, du foin, voire des crottins. Enlevez-les et rincez afin d'éviter toute affection bactérienne.

Couper l'eau.

L'eau doit être à une température d'à peu près 10 degrés. L'hiver, l'eau glacée peut provoquer des problèmes digestifs, de même en été si le cheval ou le poney boit très vite.

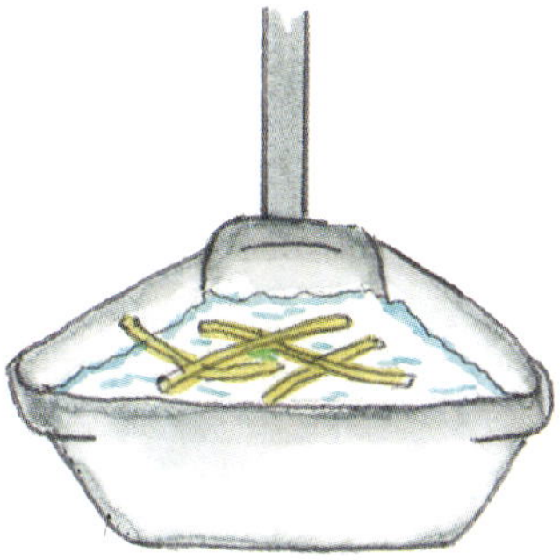

Pour pallier ce problème, vous répartissez quelques brins de paille propre à la surface : le cheval ou le poney doit pincer ses lèvres pour boire et aspirer l'eau dans sa bouche. Les brins de paille le gênent : il boit moins vite et en moins grandes goulées à la fois.

N'oubliez pas de retirer ces brins lorsqu'il a bu son content.

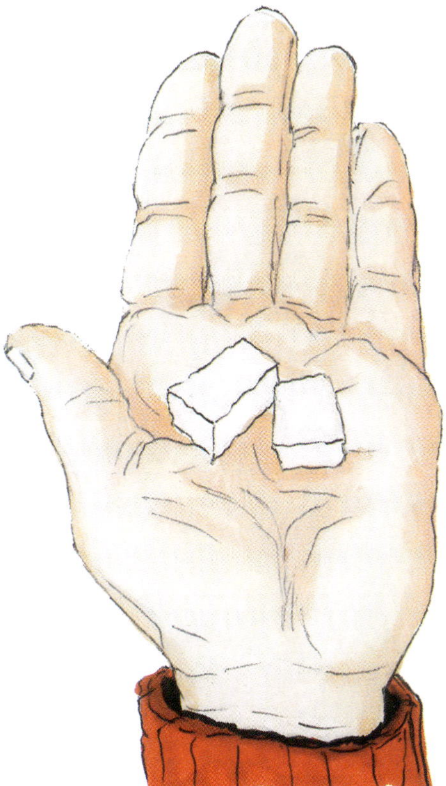

Présentez les friandises dans la paume de la main : vous évitez tout pincement inopportun de vos doigts...

Les friandises sont une récompense appréciée du cheval ou du poney, usez-en avec à-propos et modération.

La caresse ne fait pas grossir...

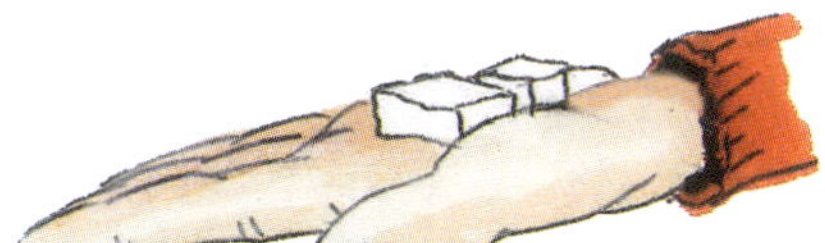

Tourner large ou serré

Les figures de manège

Ce sont des tracés précis et géométriques qui sont définis et qui codifient les évolutions du couple cavalier - cheval. Enchaînés les uns aux autres aux différentes allures et combinés avec les exercices d'assouplissement, ils constituent la reprise de dressage.

Les figures de manèges se classent en deux familles :

- celles sans changement de main ;
- celles avec changement de main.

<u>Les figures sans changement de main</u>

Le cercle, la volte

Le diamètre est variable, généralement de 10 à 20 mètres pour le cercle, de 6 à 10 mètres pour la volte. Cercle et volte doivent être parfaitement ronds, vous devez rejoindre le point que vous avez quitté en commençant la figure. Il s'exécute de la piste ou à partir d'une lettre intérieure.

Le contre-changement de main

C'est une ligne brisée réalisée par l'enchaînement de deux obliques, dont le sommet se situe sur la ligne du milieu, la ligne du quart ou du trois-quart.

GALOP 4

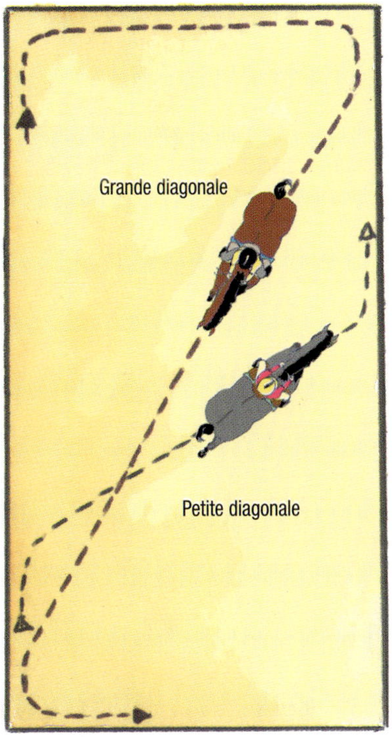

Les figures avec changement de main

La demi-volte

C'est un demi-cercle suivi d'une oblique.

La demi-volte renversée

C'est une oblique suivie d'un demi-cercle.

La diagonale

C'est une oblique qui traverse de part en part le manège ou la carrière. Elle débute toujours après une largeur et prend fin avant la largeur opposée.

Les figures particulières

Le doubler

C'est une ligne droite qui coupe le manège ou la carrière en deux parties, égales ou non.

Le doubler dans la largeur

Vous tracez une ligne droite qui coupe le manège ou la carrière et qui est parallèle à sa largeur.

Le doubler dans la longueur

Vous tracez une ligne droite qui coupe le manège ou la carrière et qui est parallèle à sa longueur.

Ces deux doublers s'exécutent avec ou sans changement de main, selon votre choix ou celui de l'enseignant.

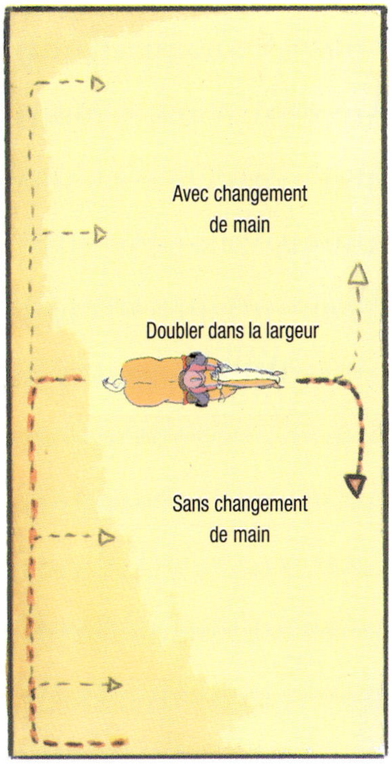

Règles de sécurité

Le cheval ou le poney n'est pas agressif. Toutefois il peut avoir des réactions imprévisibles face à des situations qu'il ne connaît pas.

Vous devez donc respecter des règles simples dès votre entrée dans un centre équestre ou lorsque vous vous approchez d'équidés inconnus.

Au centre équestre

Refermez le portail d'entrée.

Saluez les personnes rencontrées.

Gardez votre chien en laisse, même s'il est gentil.

Ne fumez pas.

Ne jetez pas de papier par terre.

Ne criez pas, ne courez pas ni ne faites de gestes brusques, le chahut perturbe.

Ne passez pas derrière les chevaux ou les poneys sans avoir prévenu.

Evitez de laisser les chevaux ou les poneys se sentir entre eux ou s'approcher trop près les uns des autres.

Pour l'attraper, ne courez pas derrière le cheval ou le poney : parlez-lui et avancez doucement.

TENUE POUR S'OCCUPER DES CHEVAUX OU PONEYS

A pied, vous devez être dans une tenue propre, et ne vous approcher des chevaux ou des poneys qu'en portant des chaussures fermées qui protègent l'ensemble du pied.

A cheval, vous devez porter les protections obligatoires pour la pratique équestre.

AU MANÈGE OU EN CARRIÈRE

Demandez l'autorisation de pénétrer dans l'enceinte.

Refermez la porte d'entrée.

Saluez les couples rencontrés.

Ne fumez pas.

Gardez vos distances de sécurité et respectez les règles de priorité.

Si vous travaillez en autonomie, ne dérangez pas les couples déja présents : anticipez leurs évolutions.

En extérieur

Portez une tenue adaptée.

Soyez attentif à ce qui vous entoure et anticipez pour éviter toute situation désagréable.

Respectez les règles de circulation à l'extérieur.

Pour traverser une route, si vous êtes seul, choisissez un endroit dégagé qui vous permette de voir loin.

Rappel, il est déconseillé de partir seul.

Si vous êtes en groupe, traversez en « dents de peigne », c'est-à-dire tout le monde en même temps, en traçant un doubler le plus court et le plus bref possible.

Ne mettez pas pied à terre sans autorisation.

Quel que soit le cas, n'oubliez pas d'informer votre entourage et l'établissement équestre de vos horaires et lieux de sortie.

En circulation sur la route ou en forêt

Nul n'est censé ignorer la loi. Celle-ci s'applique à vous et votre monture.

Voici les principaux panneaux relatifs aux cavaliers.

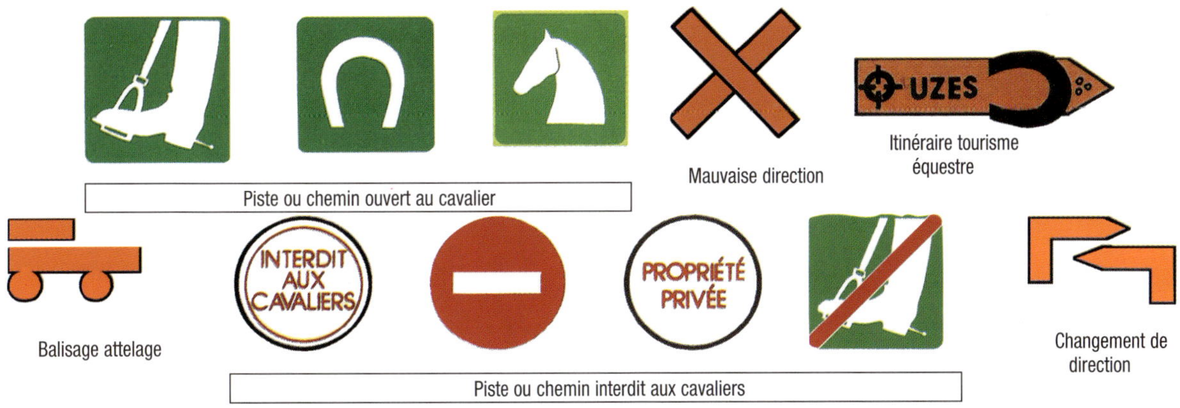

Piste ou chemin ouvert au cavalier

Mauvaise direction

Itinéraire tourisme équestre

Balisage attelage

Piste ou chemin interdit aux cavaliers

Changement de direction

Poser des protections de travail

Ce sont des harnachements qui servent à protéger les membres du cheval ou du poney lorsqu'il travaille monté ou longé, contre des chocs éventuels.

Les protections de travail vont toujours par paire.

Elles doivent être nettoyées avec soin après chaque utilisation.

Les guêtres

Quel que soit le modèle, pour les mettre en place, fermez la boucle du milieu, celle du bas puis celle du haut, sans trop serrer.

Elles sont posées aux membres antérieurs, mais existent aussi pour les postérieurs.

Guêtre gauche fermée (système auto-agrippant)

Guêtre fermée (antérieur droit) système à boucles

Guêtre ouverte gauche (vue interne)

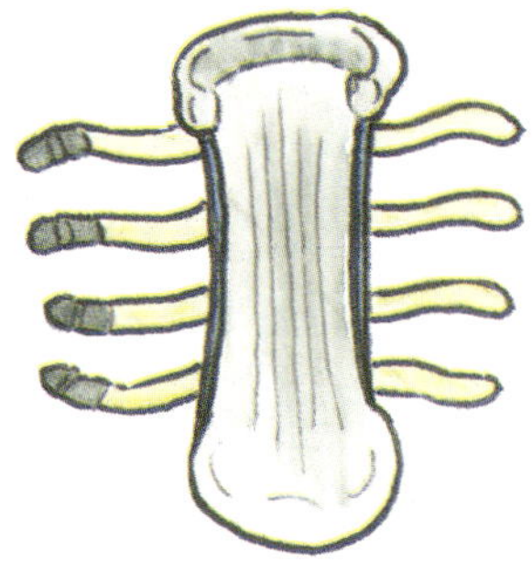

Elles protègent la face antérieure des tendons si elles sont du modèle « guêtre fermée ».

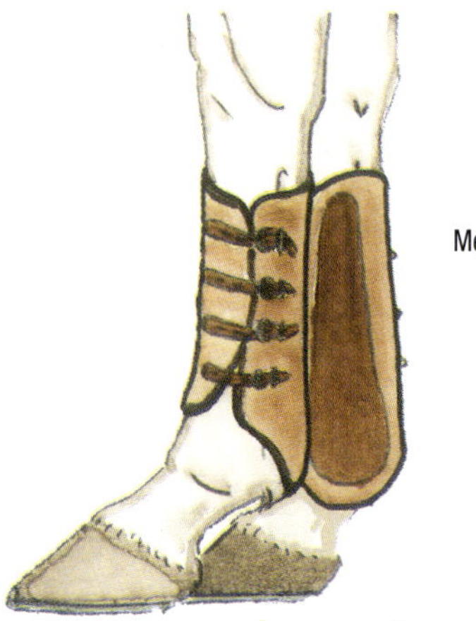

Membres antérieurs

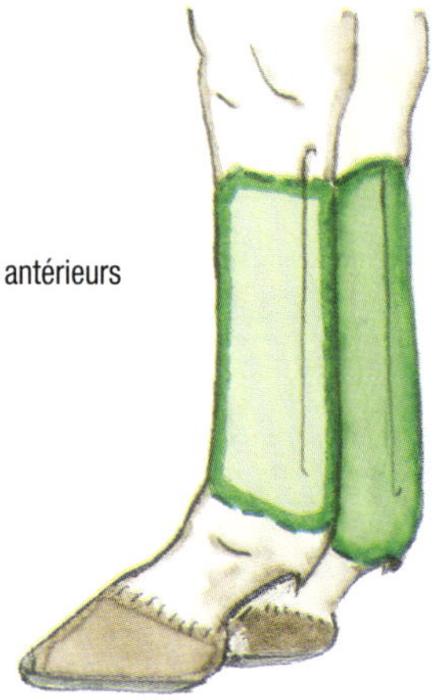

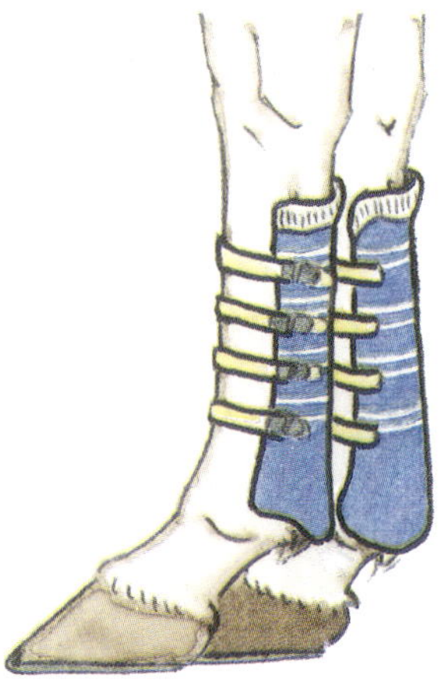

Membres antérieurs

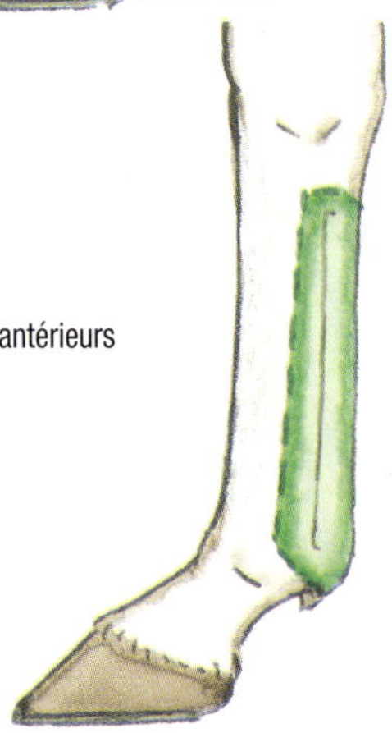

Si elles sont du type « ouvertes », elles ne protègent que les tendons.

Les protège-boulets

Fermez-les à mi-canon et laissez-les se placer naturellement sur le boulet.

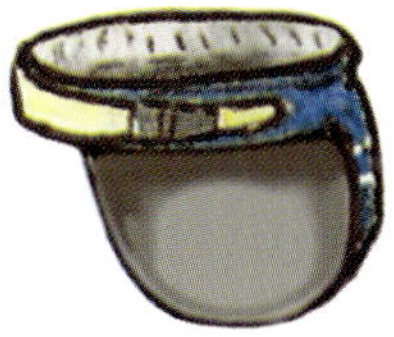

Protège-boulet en plastique simple face

Protège-boulet en cuir double face

Ils sont posés pour protéger la face interne des boulets aux membres postérieurs uniquement. Ils sont en cuir ou en plastique, simple ou double face.

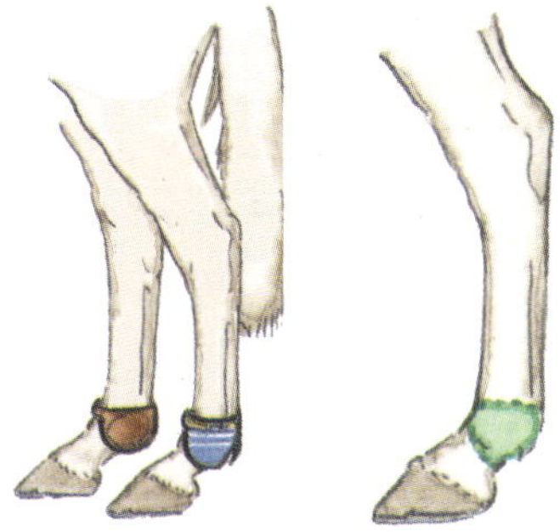

Lorsque vous posez des guêtres ou des protège-boulets, les boucles doivent se fermer sur les faces latérales externes des membres, les lanières étant dirigées vers l'arrière.

Les cloches

Fermées ou ouvertes, elles se posent le plus souvent aux membres antérieurs, et parfois aux postérieurs. Elles protègent le périople, la couronne et les glômes du pied.

En caoutchouc, elles se nettoient à grande eau.

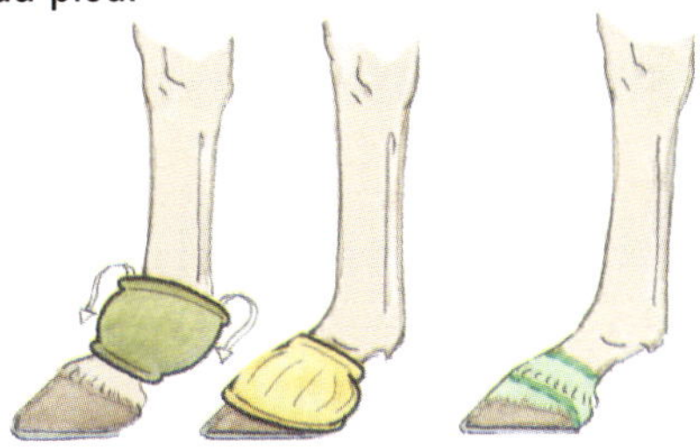

Les bandes de polo

En tissu épais, elles protègent les membres antérieurs et postérieurs. Longues d'au moins 4 mètres et terminées par un système de fixation auto-agrippant, elles doivent être roulées dans le bon sens, système d'attache enfermé à l'intérieur de la bande pour pouvoir être mis en place en dernier lieu lorsque vous avez positionné l'ensemble de la bande.

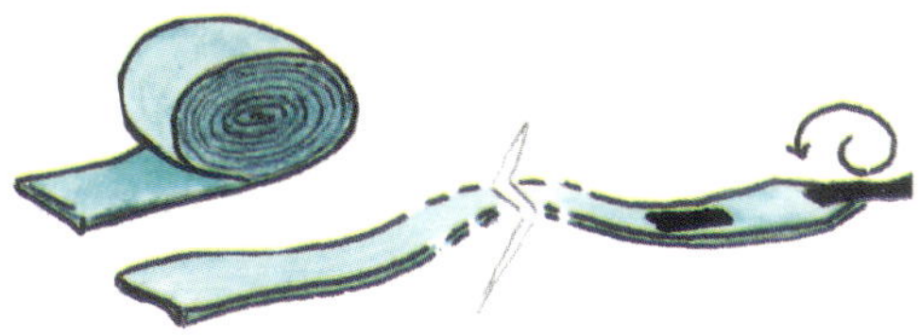

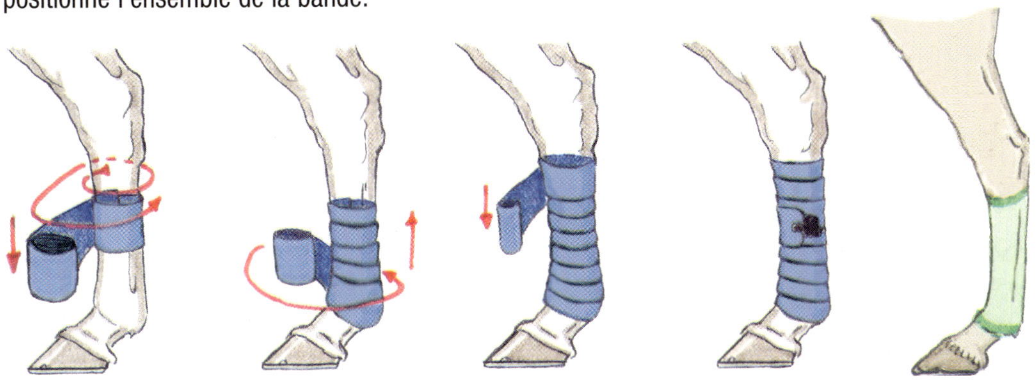

Leur pose est délicate : insuffisamment ajustées, elles ne tiennent pas en place, le cheval ou le poney peut marcher dessus et trébucher ; trop serrées, elles provoquent des boiteries.

Commencez à les poser au tiers supérieur du canon, redescendez en couvrant le tour de bande précédent aux trois-quarts, sans trop serrer. Dès que vous avez recouvert l'ergot, remontez de la même façon et vous redescendez de deux tours de bande avant de fermer l'attache. Faites-vous aider les premières fois.

L'accord des aides

Le contact

Il permet la communication entre le cavalier et sa monture : transmettre des demandes, ressentir les réactions et réagir en fonction de celles-ci.

La qualité du contact dépend du niveau d'expertise du cavalier et du degré de dressage de sa monture.

Le contact est l'ensemble des informations transmises et reçues que vous entretenez avec votre monture afin de créer une communication codifiée que l'on appelle le langage des aides.

Le poids du corps

L'assiette *est la qualité qui permet au cavalier de garder son équilibre en toutes circonstances.*

C'est par son intermédiaire que s'exercent les actions du poids du corps, des jambes et des mains.

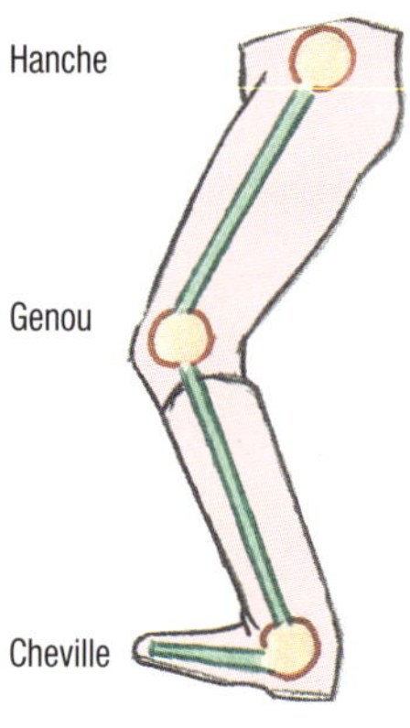

Les jambes

Elles doivent établir un contact moelleux avec la monture et intervenir précisément et sobrement.

C'est par le libre fonctionnement des trois articulations (hanche - genou - cheville) que la cuisse se tourne naturellement sur son plat et que le mollet vient au contact de la monture, sans serrer.

Les jambes agissent indépendamment l'une de l'autre avec des actions identiques (impulsion) ou différentes (incurvation, déplacement latéral, départ au galop...).

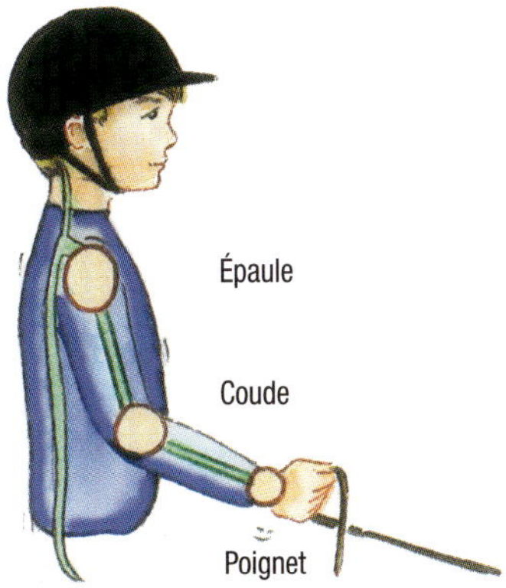

Les mains

A travers les rênes, les mains établissent un contact moelleux avec la bouche de la monture, interviennent précisément et sobrement.

C'est par le libre fonctionnement des trois articulations (épaule - coude - poignet) et par la souplesse des doigts que le cavalier établit un contact moelleux, sa monture tendant les rênes sous l'effet de l'impulsion.

De même que les jambes, les mains agissent indépendamment l'une de l'autre avec des actions identiques (impulsion) ou différentes (incurvation, déplacement latéral, départ au galop...).

L'emploi des aides

C'est la faculté que possède le cavalier de dissocier ou combiner à volonté entre elles les actions de ses aides. C'est **l'indépendance des aides**.

Les aides ne se contrarient pas : elles se complètent.

Les aides :

- *agissent* lorsqu'elles font une demande ;
- *résistent* (insistent) en maintenant ou renforçant la demande ;
- *cèdent* (cessent d'agir ou de résister) en revenant à une attitude de contact de base neutre dès que la monture a obéi correctement.

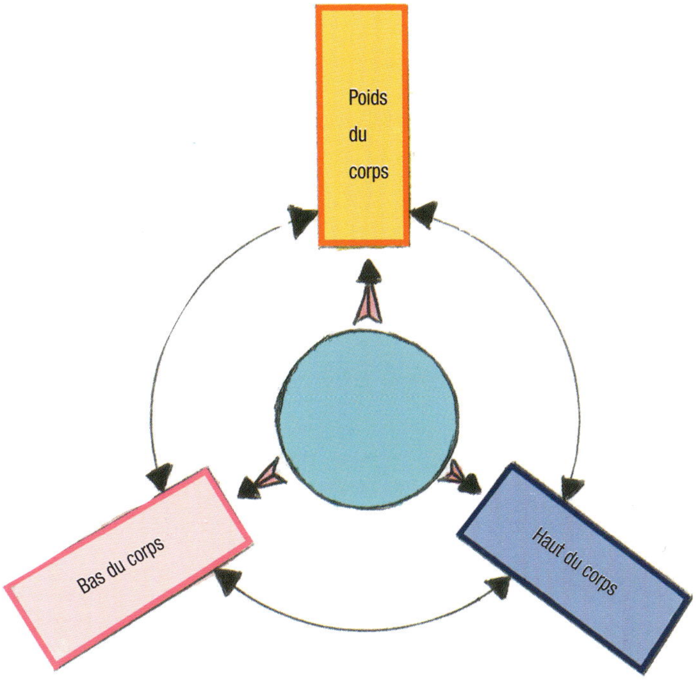

L'accord des aides

C'est la faculté que possède le cavalier de coordonner efficacement et précisément l'action de plusieurs aides entre elles.

Le poids du corps, les jambes et les mains concourent à l'obtention du résultat escompté par le cavalier. En aucun cas ils ne se contrarient.

En fonction de la réponse de la monture à l'action des aides, le cavalier cède ou résiste.

Déplacer les hanches

Les hanches peuvent être déplacées latéralement vers la droite ou vers la gauche. C'est en dissociant et en coordonnant l'action de vos deux jambes que vous demandez à votre monture de déplacer ses hanches.

Une jambe, conservée à la sangle, maintient l'impulsion en même temps que l'autre se recule en arrière de la sangle et agit pour déplacer les hanches du côté opposé. Les deux actions, différentes, sont simultanées.

L'action de la jambe en arrière de la sangle est appelée **Jambe Isolée**.

Sur cette illustration, la cavalière appelle le postérieur gauche au lever avec sa jambe isolée gauche, c'est-à-dire qu'elle demande au postérieur gauche de changer de trajectoire tant qu'il est en l'air (lever et soutien).

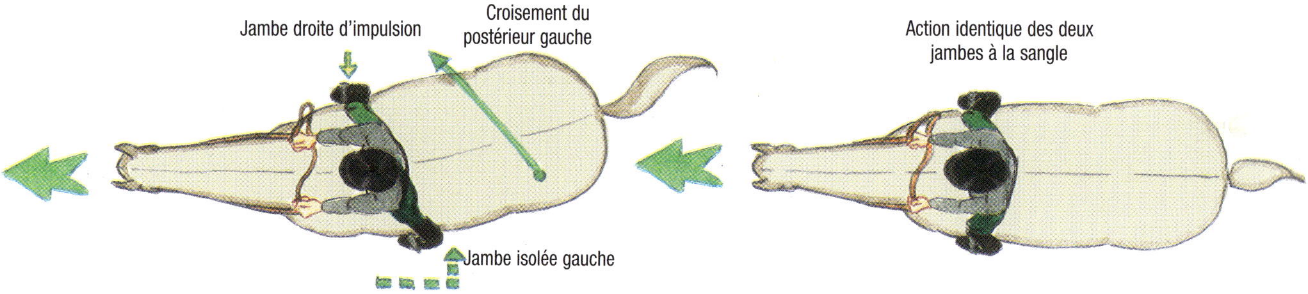

DÉPLACEMENT DES HANCHES VERS LA DROITE SOUS L'ACTION DE LA JAMBE ISOLÉE GAUCHE.

Au pas, à chaque poser des membres postérieurs, la monture vient croiser son postérieur gauche en avant du postérieur droit qui s'écarte à son tour.

Les hanches se déportent donc à droite.

Demi-volte renversée hanches à l'extérieur

Sous l'action de la jambe isolée gauche, le cavalier déplace les hanches de sa monture pas-à-pas à l'extérieur du demi-cercle

De retour à la piste, marchez droit en veillant à l'impulsion.

GALOP 4

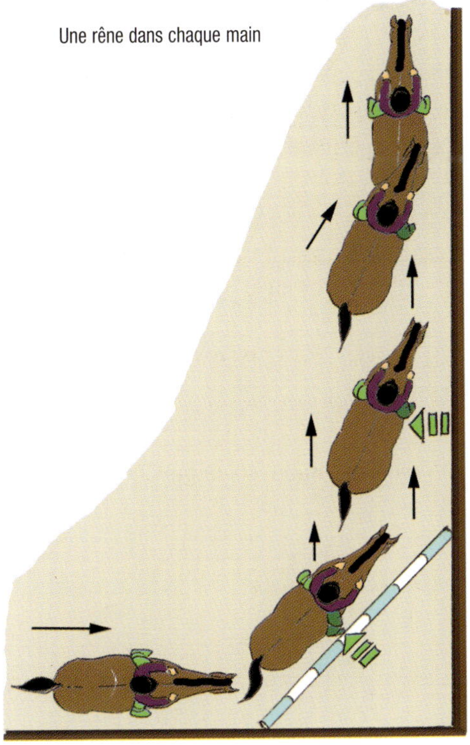

L'action de la jambe isolée se fait perpendiculairement au flanc du cheval ou du poney, en arrière de la sangle, de façon discontinue et en rythme avec la cadence de l'allure. La monture cède en obéissant à l'action de la jambe isolée en portant ses hanches du côté opposé à cette jambe.

A main gauche, en sortant d'un coin aménagé par l'enseignant, faites une jambe isolée droite pour pousser les hanches de votre monture à gauche.

En maintenant l'impulsion avec la jambe gauche, vous conservez les épaules sur la piste : votre monture se déplace les hanches à l'intérieur de la piste sur quelques pas.

Dès que vous cessez la jambe isolée droite en ramenant cette jambe à la sangle, votre monture se redresse et marche droit sur la piste.

En demandant tout de suite un départ au trot, vous vérifiez que votre monture n'a pas perdu son impulsion.

Lorsque vous faites cet exercice une rêne dans chaque main, veillez à maintenir une tension égale des deux rênes (il arrive souvent que l'on tire plus sur la rêne correspondant à la jambe isolée par inadvertance).

L'incurvation

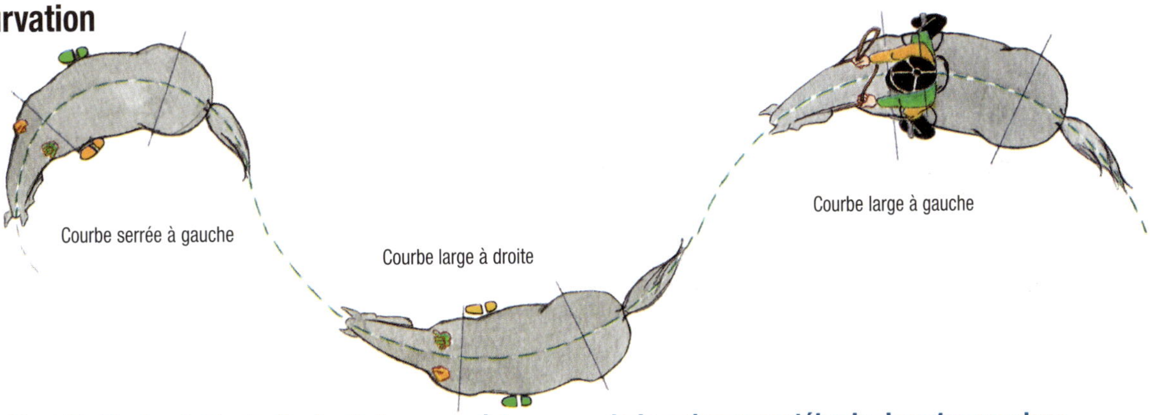

C'est l'inflexion latérale égale de la nuque à la queue de la colonne vertébrale de votre monture que vous ajustez à la courbe décrite.

L'orientation générale de votre corps (pour tourner) conditionne la position juste et l'action adaptée de vos aides.

Les aides employées sont :

- effets d'incurvation et d'impulsion de la jambe intérieure placée à la sangle pour inciter la monture à se ployer autour de cette jambe et à avancer ;

- effet de contrôle des hanches par la jambe extérieure placée en arrière de la sangle, en jambe isolée de position, qui interdit toute fuite des hanches vers l'extérieur de la courbe ;

- effet d'appui de la rêne extérieure sur les épaules pour les garder sur la courbe ;

- effet direct de la main intérieure qui s'écarte pour attirer le bout du nez de la monture vers l'intérieur.

Départ au galop sur le pied choisi

C'est l'engagement suivi de la pose d'un postérieur qui permet au cheval ou au poney d'entamer le galop.

Votre attention se porte sur ce postérieur puisque c'est lui qui détermine le pied sur lequel votre monture prend le galop.

Pour prendre un départ au galop à droite :

Rappel du mécanisme :

Postérieur gauche - Diagonal gauche - Antérieur droit - Projection

Placez votre jambe gauche en jambe isolée de position pour appeler le postérieur gauche.

Maintenez votre jambe droite à la sangle.

Attirez légèrement le bout du nez de votre monture vers la droite avec la main droite.

Régulez l'orientation de la tête et de l'encolure avec la main gauche.

Portez votre poids du corps sur la fesse gauche.

Vous êtes dans l'attitude de l'incurvation à droite, mais vous marchez droit devant vous.

Contrôlez la vitesse du pas (ne laissez surtout pas votre monture précipiter l'allure), et déclenchez le départ en fermant votre jambe droite à la sangle.

Votre monture obéit en prenant le galop à droite. Cédez dans vos aides pour lui permettre de continuer l'allure, mais conservez votre attitude générale.

Galop à droite

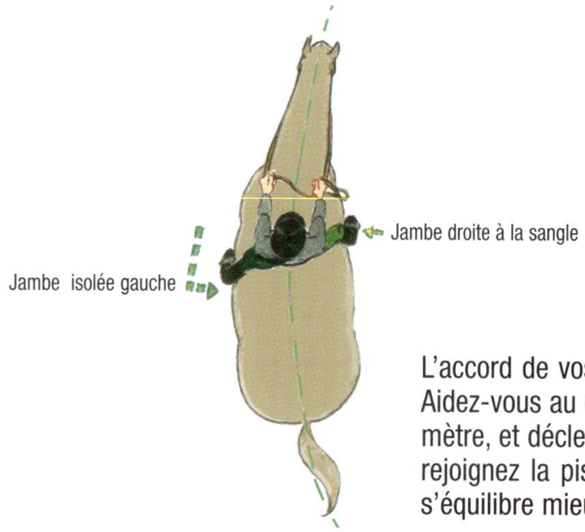

Sur un cercle de 10 m de diamètre

L'accord de vos aides est déterminant pour la réussite de l'exercice. Aidez-vous au début en marchant sur un cercle de 10 mètres de diamètre, et déclenchez votre demande de départ au galop lorsque vous rejoignez la piste : le pare-botte ou la lice freine votre monture qui s'équilibre mieux pour partir au galop sur le bon pied.

Sauter

Les obstacles

LES DIFFÉRENTES FAMILLES D'OBSTACLE

En fonction de leur emploi, il existe :

- les **OBSTACLES D'INITIATION**, appelés **CAVALETTI**, obstacles mobiles dont la hauteur n'excède pas 50 cm, qui permettent au cavalier d'expérimenter son équilibre lors des sauts éducatifs, et au cheval ou au poney de se gymnastiquer ;
- les **OBSTACLES MOBILES** qui regroupent tous les obstacles dont la construction permet la chute des divers éléments légers qui les composent (barres - palanques - haies - briques - chandeliers - cuillers...) ;
- les **OBSTACLES FIXES**, souvent massifs, dont la destruction ne permet pas la chute de leurs divers éléments (obstacles construits à partir de terre, pierres, troncs, eau => gué ou tout autre élément lourd).

LES TROIS PROFILS D'OBSTACLE

Quelle que soit la famille d'obstacles, il existe trois profils distincts :

- les **VERTICAUX**, obstacles dont tous les éléments sont sur un même plan vertical ;
- les **LARGES**, obstacles dont les éléments sont répartis sur deux plans verticaux devant se franchir d'un seul saut ;
- les **OBSTACLES DE VOLÉE**, dont les éléments sont répartis sur plusieurs plans verticaux plus ou moins espacés, devant se franchir d'un seul saut.

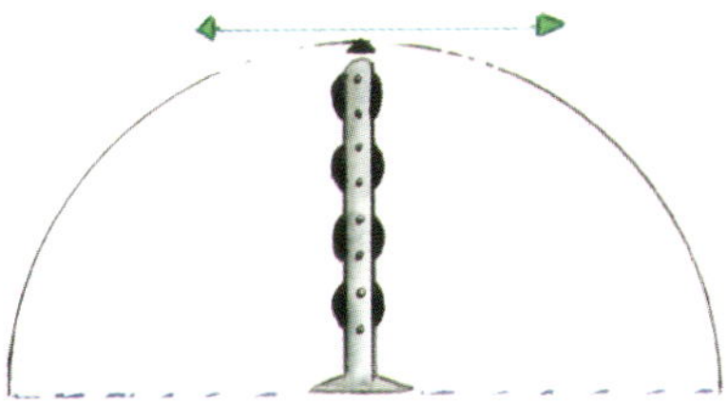

Vertical

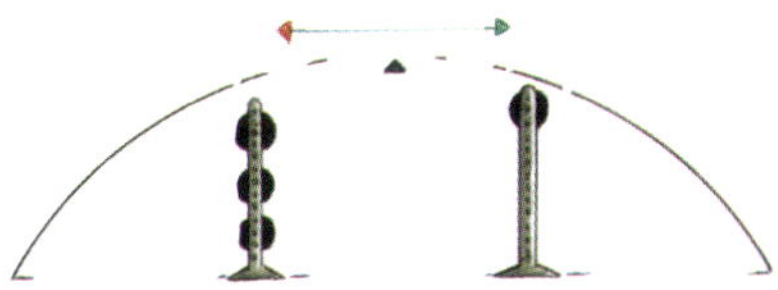

Oxer

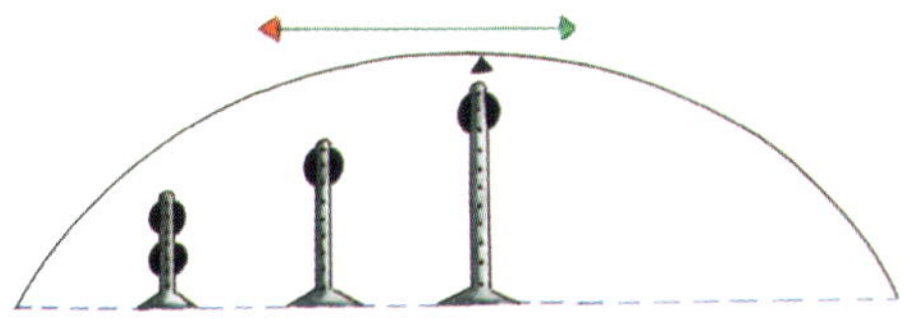

Spa

Mur

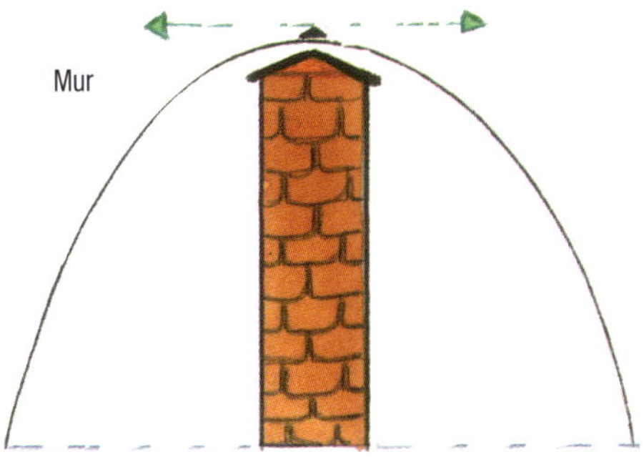

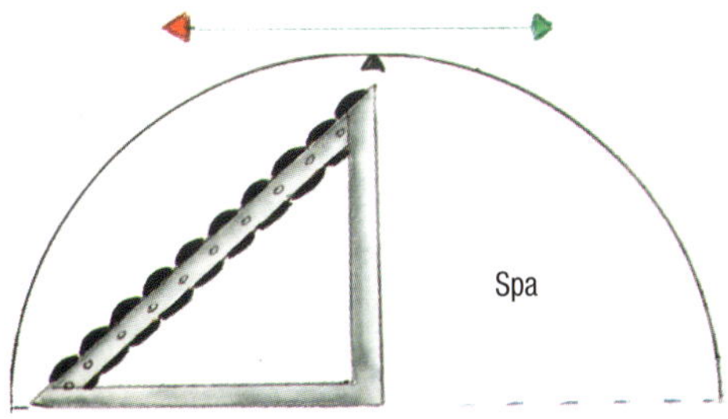

Spa

Rivière

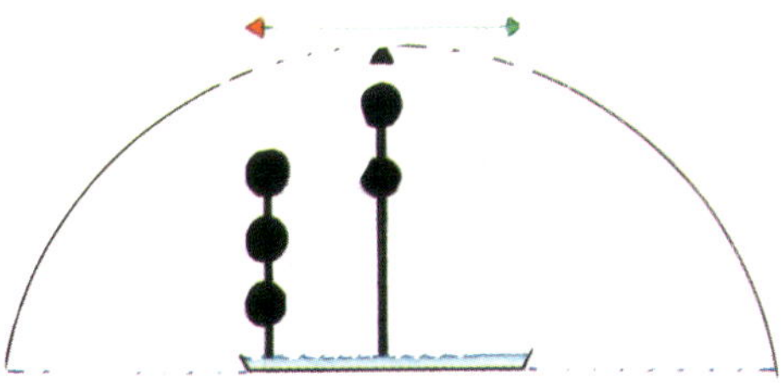

Bidet éducatif

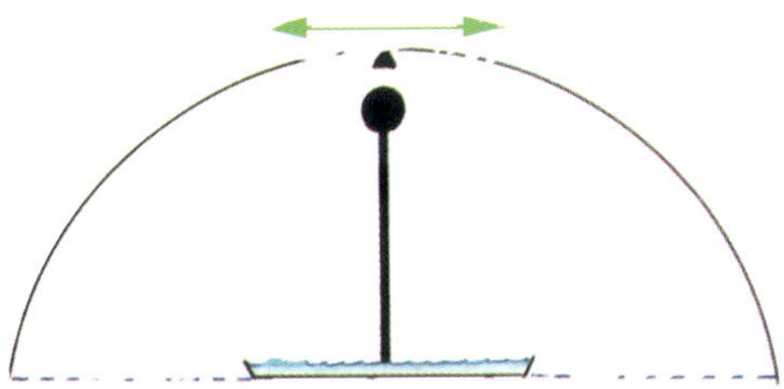

Bidet

Gué, entrée par contre-bas, sortie par plage

Gué, entrée par plage, sortie par contre-haut

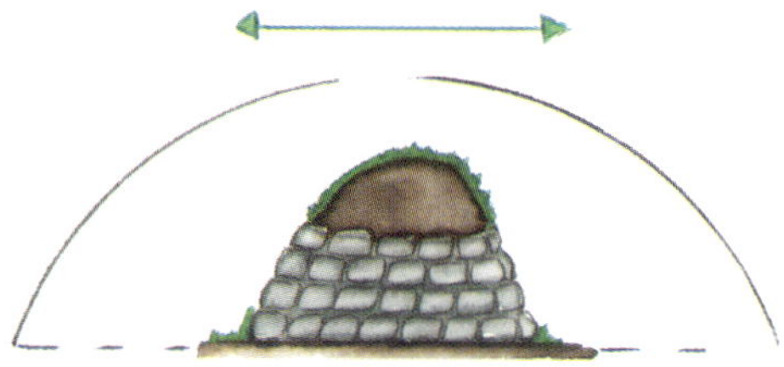

Talus breton

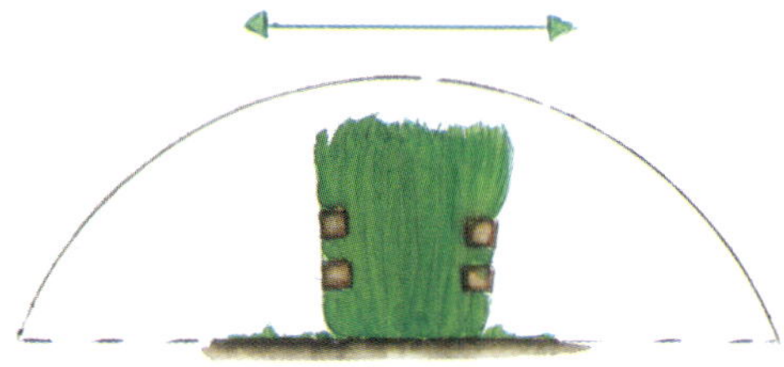

Haie

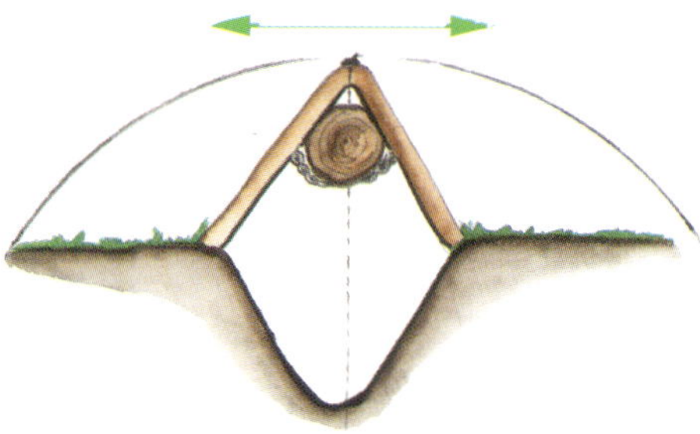

Trakehnen

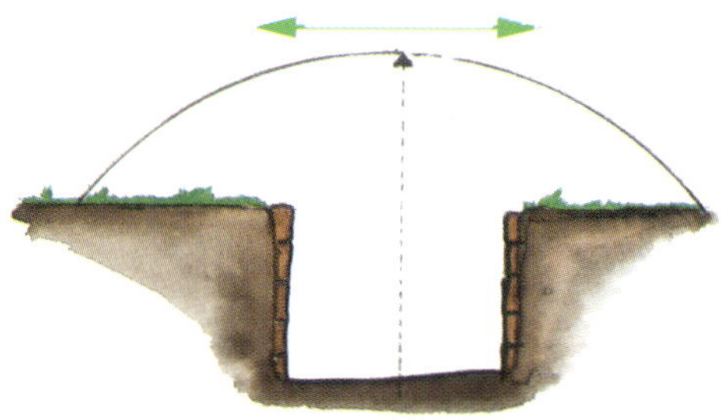

Trou à bords francs

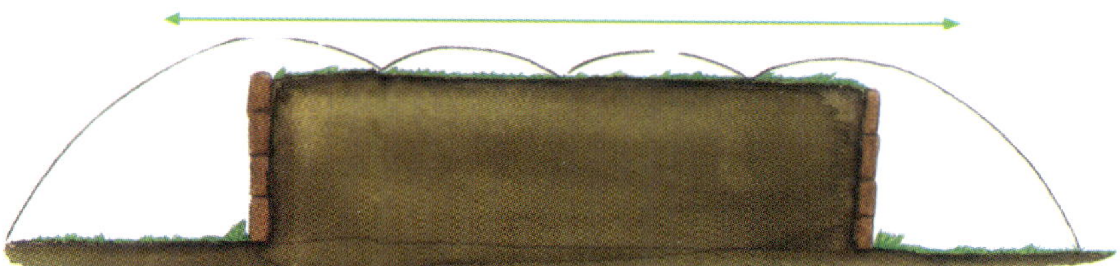

Banquette

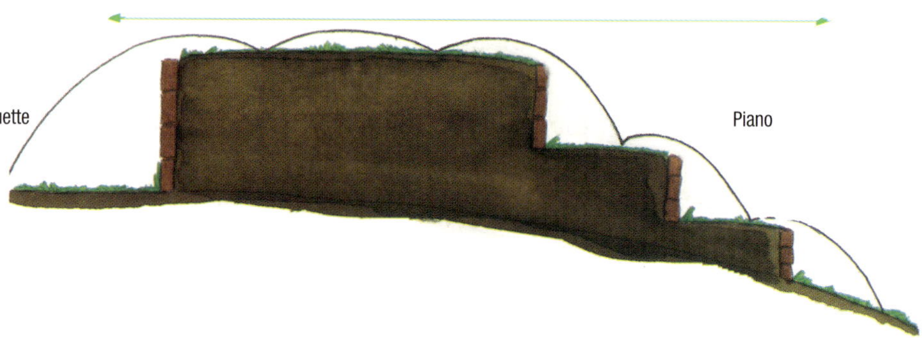

Banquette

Piano

Fonctionnement du saut

Quel que soit l'obstacle à franchir, le cheval ou le poney décompose son geste en plusieurs étapes :
- la battue d'appel, qui est la prise d'appui au sol pour s'enlever en l'air avant l'obstacle ;
- le franchissement, composé de ses trois phases, la phase ascendante / le planer / la phase descendante ;
- la réception, qui est la reprise de contact avec le sol après l'obstacle.

Le fonctionnement du cavalier lors du saut

ENCAISSEMENT ET AMORTISSEMENT

Pour encaisser un saut et fonctionner en coordination avec votre monture, vous devez être en position d'équilibre sur les étriers.

Le fonctionnement souple de vos articulations inférieures lié à celui du haut du corps conditionne l'harmonie avec votre monture. Lorsqu'elle a commencé son saut, vous devez relâcher vos articulations pour amortir son élévation.

Il s'agit de rester sobre et de laisser votre monture fonctionner sous votre selle :
- ne vous agitez pas à l'abord ;
- ne vous jetez pas en avant ou ne vous rasseyez pas dans la selle lors de la battue d'appel ;
- ne vous écroulez pas à la réception.

C'est en gardant un contact permanent et moelleux avec la bouche et le corps de votre monture que vous permettez un saut fluide.

Contrôlez la vitesse, l'impulsion et la direction avant, pendant et après le saut.

Contrôler la direction à l'abord et à la réception

TOURNER LARGE AVANT UN OBSTACLE

Il est fondamental de repérer à l'avance le tracé que vous ferez suivre à votre monture pour qu'elle franchisse correctement l'obstacle.

Elle doit respecter la courbe qui s'achève sur la ligne droite perpendiculaire au milieu de l'obstacle.

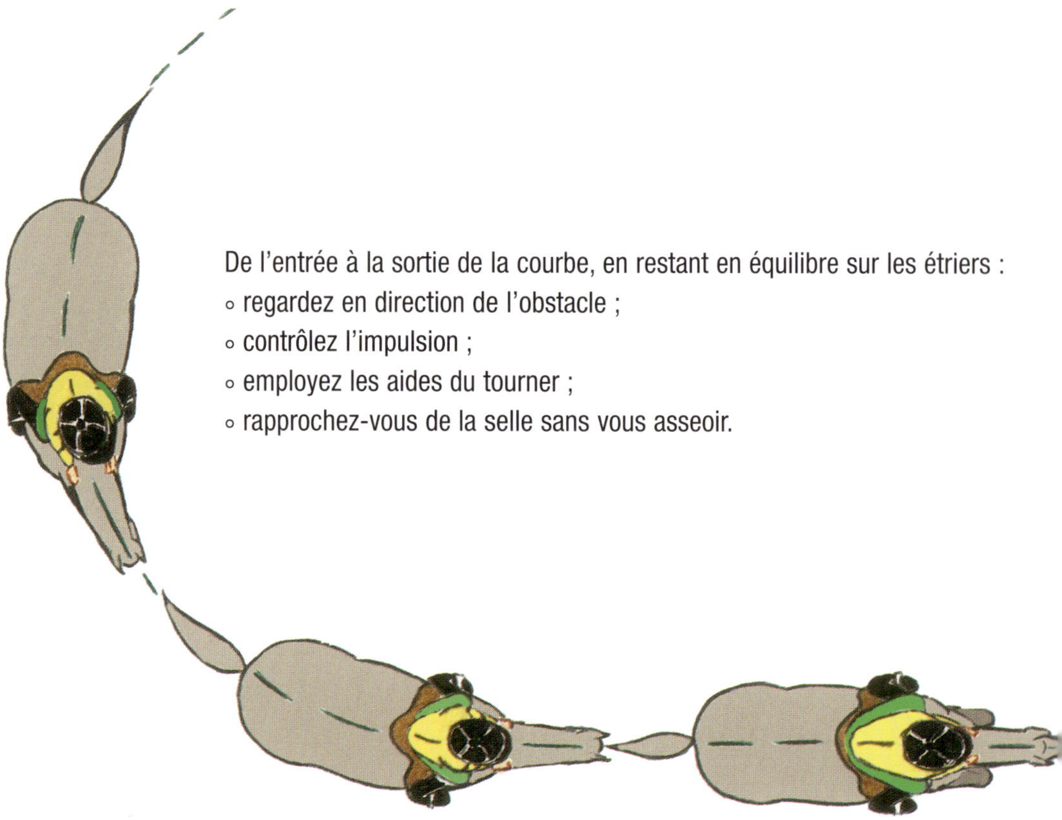

De l'entrée à la sortie de la courbe, en restant en équilibre sur les étriers :

- regardez en direction de l'obstacle ;
- contrôlez l'impulsion ;
- employez les aides du tourner ;
- rapprochez-vous de la selle sans vous asseoir.

Dès la sortie de la courbe, maintenez votre monture en ligne droite axée sur le centre de l'obstacle en entretenant l'impulsion.

Conduire pour enchaîner des obstacles

Avant d'enchaîner plusieurs obstacles, vous devez avoir repéré le tracé exact que vous ferez suivre à votre monture.

Pendant le parcours, anticipez en regardant l'obstacle qui suit celui que vous venez de franchir : vos aides se mettront correctement en place pour encadrer votre monture et la maintenir sur le tracé défini.

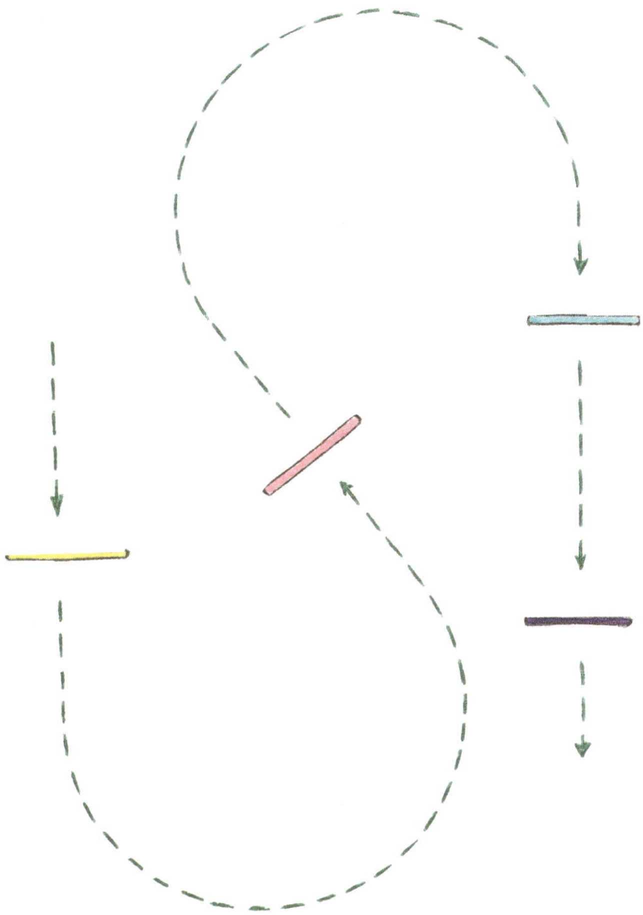

La reconnaissance du parcours

Elle s'effectue à pied, seul ou avec un conseiller. Vous devez mémoriser les distances qui séparent les obstacles, les reliefs du terrain, la nature des obstacles afin de construire un tracé idéal.

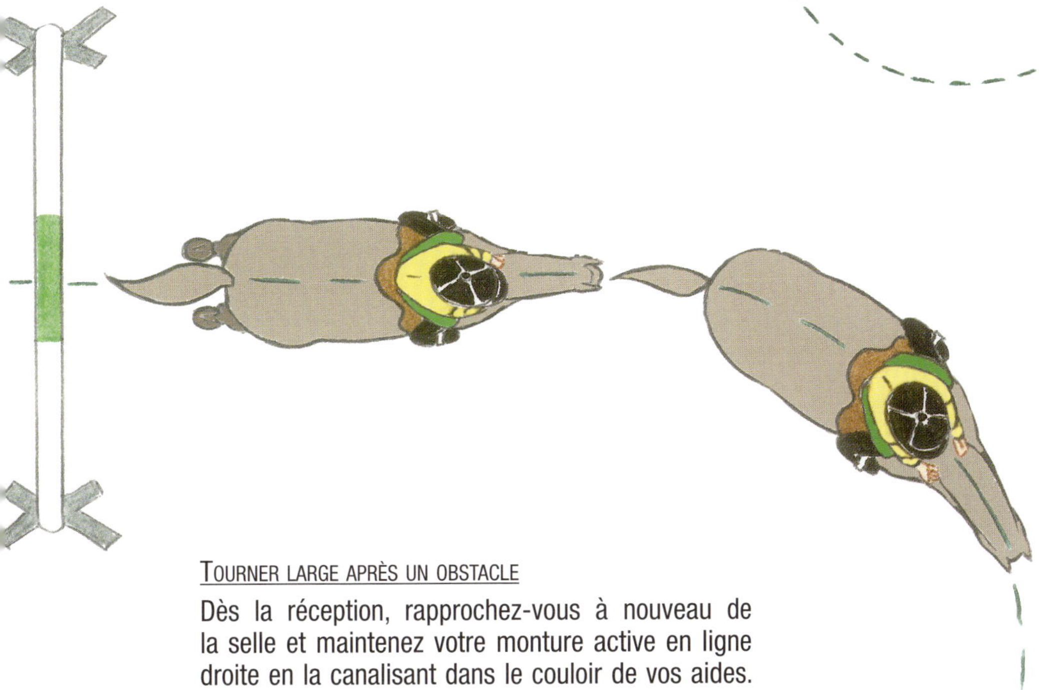

Tourner large après un obstacle

Dès la réception, rapprochez-vous à nouveau de la selle et maintenez votre monture active en ligne droite en la canalisant dans le couloir de vos aides. Vous pouvez tracer la courbe en vous orientant et placer vos aides du tourner.

Transporter une monture

Le transport d'un cheval ou d'un poney oblige la pose de protections de transport.

En fonction de la température, posez une couverture ou une chemise de transport maintenue en place par un surfaix à pont posé sur un padd.

Protégez les quatre membres avec des guêtres de transport. Les modèles les plus hauts ont l'avantage de protéger les boulets, les genoux et les jarrets.

Si vous n'en avez pas à disposition, posez des bandes de repos aux canons et protégez les genoux avec des genouillères.

Posez des cloches pour protéger les glômes et les couronnes.

Protégez la nuque par un rembourrage appelé protège-nuque qui se fixe sur le dessus de tête du licol.

Protégez le haut de la queue, appelé **couard**, soit avec une bande élastique, soit avec le fourreau de queue que vous rattachez au pont du surfaix.

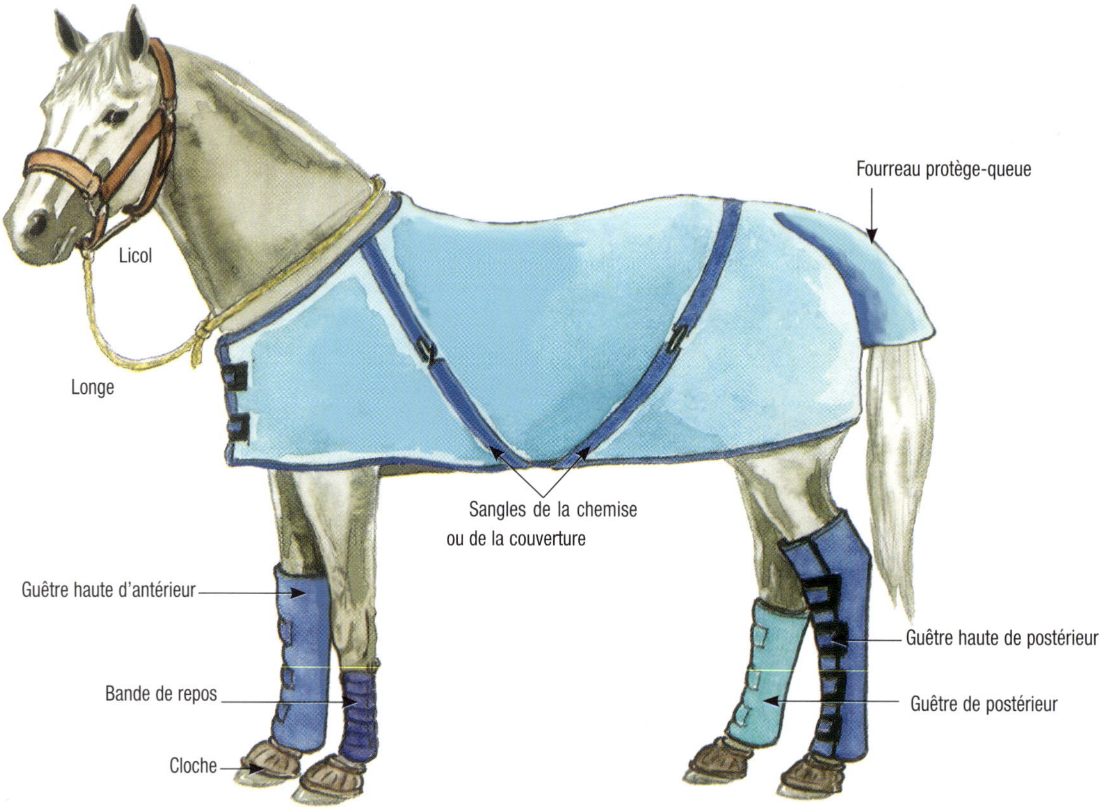

<u>LE VÉHICULE DE TRANSPORT</u>

Appelé **van**, il peut être attelé (remorque d'une à quatre places) ou être un camion de deux places et plus.

Ce véhicule est équipé d'un plan incliné appelé pont pour embarquer ou débarquer et de bat-flanc (séparation rembourrée). Le sol est antidérapant.

L'alimentation

Les besoins varient selon la fonction du cheval ou du poney. On distingue les besoins du cheval au repos, ceux nécessaires à la croissance, à la gestation, à la fonction de reproduction de l'étalon en période de monte, et ceux inhérents au travail du cheval ou du poney. Ils varient également selon les saisons et les races.

Les rations sont calculées en fonction de ces besoins.

La ration

Voici l'exemple de rations distribuées adaptées à un cheval de 500 kg au travail.

Matin : 2 à 4 litres d'avoine aplatie.

Midi : 2 à 3 litres d'avoine aplatie.

Soir : 2 à 4 litres d'avoine aplatie.

5 kilos de foin sur la journée.

Si vous distribuez des aliments complets, vous devez donner environ 5 kg (11 litres) à répartir sur les trois repas.

Les unités fourragères (UF) : besoins en énergie

Ce sont les valeurs énergétiques attribuées aux différents aliments. *Attention : 1 kilo d'orge équivaut à 1 UF, alors qu'1 kilo de foin ne vaut que 0,45 UF.*

Formule de calcul des UF nécessaires à un équidé :

- à l'entretien : 0,5 UF/100 kg + 2 UF,

- au travail : rajouter à la formule précédente 1 à 2 UF supplémentaire par heure de travail moyen.

A ces besoins en énergie, il faut ajouter les besoins en protéines (environ 70 grammes par UF distribuée) et en minéraux (calcium : 25 à 30 g/ jour si entretien, 30 à 40 g/jour si travail, phosphore : 15 à 20 g/jour si entretien, 20 à 25g /jour si travail).

Pour un cheval au repos, le repas du soir est remplacé par un mash.

POUR RÉALISER UN MASH APPORTANT 2 UF

Mélangez 2 litres d'orge, 2 litres d'avoine et 100 grammes de graines de lin que vous faites cuire 3 à 4 heures avant d'y ajouter 1 litre de son de blé et une poignée de sel. Vous égouttez et laissez refroidie puis complétez avec 100 grammes d'aliment minéralisé qui apportent 15 g de calcium et 5 gr de phosphore.

Si l'apport en énergie doit être élevé, remplacez les 2 litres d'orge par 2 litres de maïs.

Si l'apport énergétique doit être réduit, supprimez l'orge en la remplaçant par 2 litres de son de blé en fin de cuisson.

Les maladies

L'appareil digestif du cheval ou du poney est très fragile. Dès que vous constatez une perte d'état (maigreur, poil terne, abattement) ou un comportement inhabituel, pensez à contrôler s'il s'alimente correctement.

Les problèmes digestifs concernent l'appareil digestif dans son entier, c'est pourquoi vous devez commencer par examiner la bouche du cheval ou du poney.

Les dents peuvent présenter une usure anormale, des surdents (excroissances). Les gencives peuvent être enflammées, les joues peuvent être écorchées à l'intérieur. Faites appel à un dentiste équin. Un équidé souffrant dans sa bouche mastique mal, les aliments sont mal digérés.

Les coliques

Elles se traduisent par des douleurs abdominales dues à un problème de transit intestinal pouvant aller jusqu'à l'arrêt du transit provoqué par la formation d'un bouchon, ou à une infestation parasitaire.

Le cheval ou le poney exprime ses douleurs en grattant le sol, se couchant et se relevant sans cesse, regardant son flanc. Il ne mange plus, cesse de s'abreuver, n'urine plus et peut présenter une diarrhée ou, au contraire, ne plus faire de crottins. Il se met à suer abondamment.

Donnez des produits qui atténuent la douleur et stimulent le transit, en cas de coliques légères.

S'il n'y a pas d'amélioration rapide, faites venir le vétérinaire, la colique peut être mortelle.

Pour éviter l'apparition des coliques, vermifugez au moins deux fois par an avec un vermifuge à large spectre et différent.

Surveillez le régime alimentaire et la qualité des aliments.

Adaptez la litière aux chevaux « coliquards » en remplaçant la paille par un autre matelas.

La fourbure

C'est une maladie générale qui atteint les différents organes et qui se traduit par des troubles de la locomotion. Le cheval ou le poney, ayant très mal aux pieds (notamment les antérieurs), adopte une posture caractéristique et, lorsqu'il souffre trop, se couche régulièrement. Cette maladie évolue par crises et sur plusieurs années.

Elle résulte d'un travail exagéré ou d'une alimentation trop riche ou trop abondante.

Mettez le cheval ou le poney à la diète et adaptez son régime alimentaire. Ses pieds doivent être spécialement parés et équipés d'une ferrure adaptée. Un traitement anti-douleur (fluidifiant sanguin, par exemple) est prescrit.

La visite d'un vétérinaire est indispensable, car cette maladie peut être létale.

Pour éviter la fourbure, surveillez la qualité et la quantité des aliments distribués, et dosez le travail pour ne pas surmener votre monture.

Connaissances éthologiques

L'éthologie est l'étude du comportement des diverses espèces animales dans leur milieu naturel.

L'ETHOLOGIE APPLIQUEE est celle du comportement animalier dans un environnement humanisé.

L'EQUITATION ETHOLOGIQUE est l'éthologie appliquée à l'équitation. Nous nous basons donc sur la manière dont les chevaux ou les poneys apprennent et comprennent afin de leur expliquer l'équitation.

Le cheval ou le poney apprend par associations, par exemple : la brouette, association attractive : je vais manger.

Cheval, d'où viens-tu ?

Afin de vous aider à mieux comprendre le comportement général et les réactions du cheval ou du poney, les pages qui suivent retracent ses origines et son mode de fonctionnement.

Le cheval ou le poney est apparu sur terre environ soixante-cinq millions d'années avant l'homme.

Mais cela ne fait que 5 000 ans que l'homme a entrevu son fabuleux potentiel et commencé à le domestiquer. L'homme et le cheval sont depuis, dans leurs histoires, étroitement liés.

Coureur extrêmement rapide, animal doté d'un caractère très doux et d'une noblesse à toute épreuve, le cheval est devenu le partenaire idéal de l'homme au travail, à la chasse, pour son transport, à la guerre, et, de nos jours, pour le sport ou le loisir.

Herbivore*, le cheval est une proie. N'étant doté ni d'un caractère agressif ni de moyens d'agresser, le cheval a été équipé par la nature du meilleur moyen de défense : la fuite. C'est ainsi que le cheval, avec ses longues jambes peut courir très vite. Sa vigilance toujours en éveil lui permet de détecter les éventuels dangers.

* HERBIVORE : se dit d'un animal se nourrissant d'herbes, de substances végétales.

Nos points communs

Equidés et humains appartiennent à la famille des vertébrés (animaux pourvus d'une colonne vertébrale, et, en général, de deux paires de membres), et, plus précisément, de la classe des mammifères. Cette classe est la plus récente quant à son apparition sur la terre et compte actuellement quelque 5 000 espèces répertoriées.

Les vertébrés

Il existe cinq classes ordonnées selon l'ordre croissant des capacités du cerveau :

POISSON

REPTILE

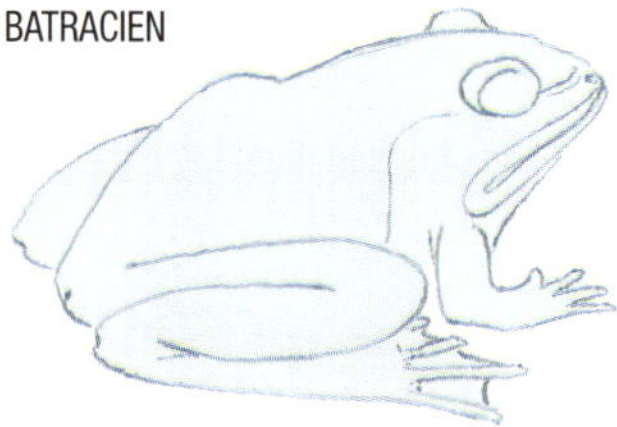

BATRACIEN

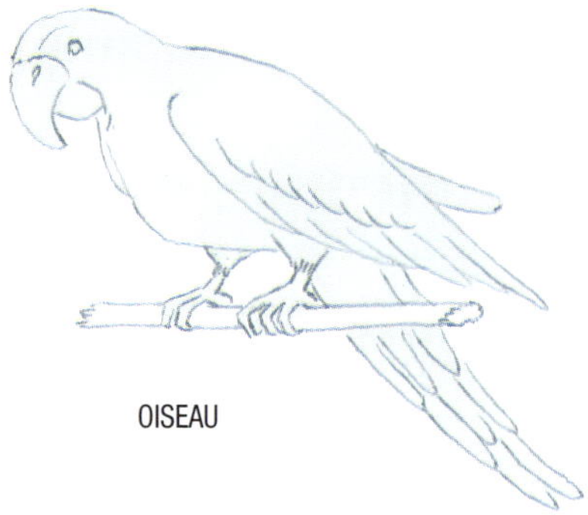

OISEAU

- les poissons ;
- les reptiles ;
- les amphibiens ;
- les oiseaux ;
- **les mammifères.**

Les mammifères sont caractérisés par la présence de mamelles, peau avec poils, cœur avec quatre cavités, cerveau plus ou moins bien développé selon l'espèce. Ils présentent une température constante et sont vivipares*.

Morphologiquement**, chevaux et humains présentent une tête, un cou (appelé encolure, chez le cheval), un corps et quatre membres.

* VIVIPARE : les petits naissent sans enveloppe (coquille dure ou molle).

** MORPHOLOGIE : étude de la forme extérieure d'un être vivant.

Nos différences

HOMME	CHEVAL
MORPHOLOGIE	
2 membres supérieurs	*2 membres antérieurs*
2 membres inférieurs	*2 membres postérieurs*
2 mains de 5 doigts/main	*4 pieds à 1 doigt/pied*
2 pieds de 5 orteils/pied	
2 clavicules	
	1 queue
PROPULSION	
Station bipédique	Station quadrupédique
COLONNE VERTEBRALE	
Verticale	Horizontale

HOMME	CHEVAL
ALIMENTATION	
Omnivore	Herbivore
GESTATION	
9 mois	11 mois
TEMPERATURE DU CORPS	
37 degrés	38 degrés

Comparons-nous

Voici les comparaisons des squelettes des membres de l'homme et du cheval. Méfiez-vous des appellations ! En effet, le « genou » de l'homme ne correspond pas à celui du cheval...

Comparaison des parties basses des membres

Le cheval est un digitigrade* ongulé**.

Il possède quatre pieds protégés d'un SABOT.

Le pied antérieur du cheval correspond au **majeur** de notre main.

Le pied postérieur du cheval correspond au **troisième orteil** de notre pied.

* DIGITIGRADE : qui marche en s'appuyant sur les doigts.

** ONGULE : qui porte des sabots (corne = ongle).

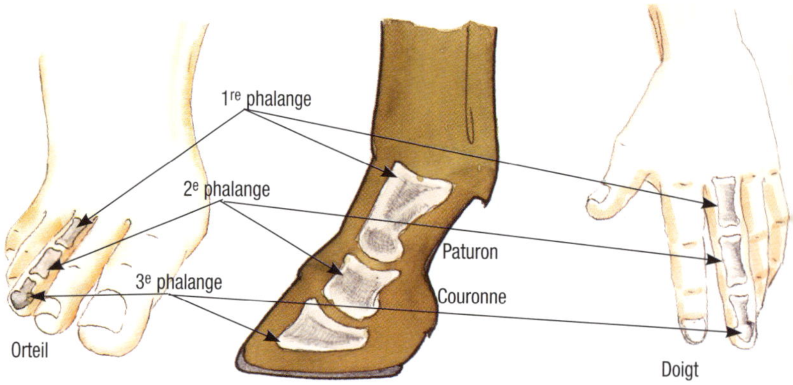

Les deux dernières phalanges du pied du cheval sont à l'intérieur du sabot et de la couronne, alors que la troisième phalange correspond au paturon.

Chez l'homme, toutes les phalanges des doigts et des orteils sont parfaitement visibles.

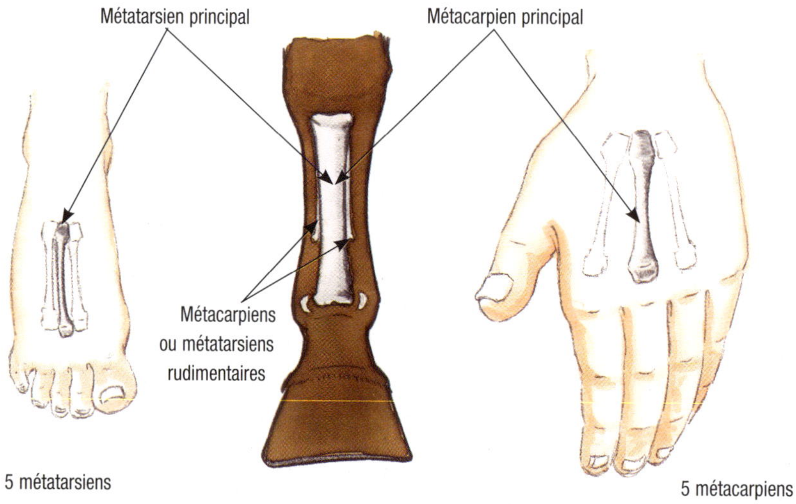

Le canon, constitué d'un métacarpien principal et de deux métacarpiens rudimentaires*** pour l'antérieur, et d'un métatarsien principal et deux métatarsiens rudimentaires*** pour le postérieur, est apparent chez le cheval, alors que nos cinq métacarpiens sont enfermés dans la paume de notre main, comme nos cinq métatarsiens sont enfermés dans la plante de notre pied.

*** Les métacarpiens rudumentaires et les métatarsiens rudimentaires correspondent à une atrophie (diminution du volume et de fonction d'un os ou d'un organe) des deux doigts que le cheval possédait encore à côté de son doigt principal il y a cinq millions d'années.

Comparaison des parties hautes des membres

L'AVANT-BRAS du cheval et de l'homme est constitué de deux os : le RADIUS et le CUBITUS. Articulés entre eux chez l'homme, ils sont soudés chez le cheval.

La JAMBE du cheval et de l'homme est constituée de deux os : le TIBIA et le PERONE. Articulés entre eux chez l'homme, ils sont soudés chez le cheval.

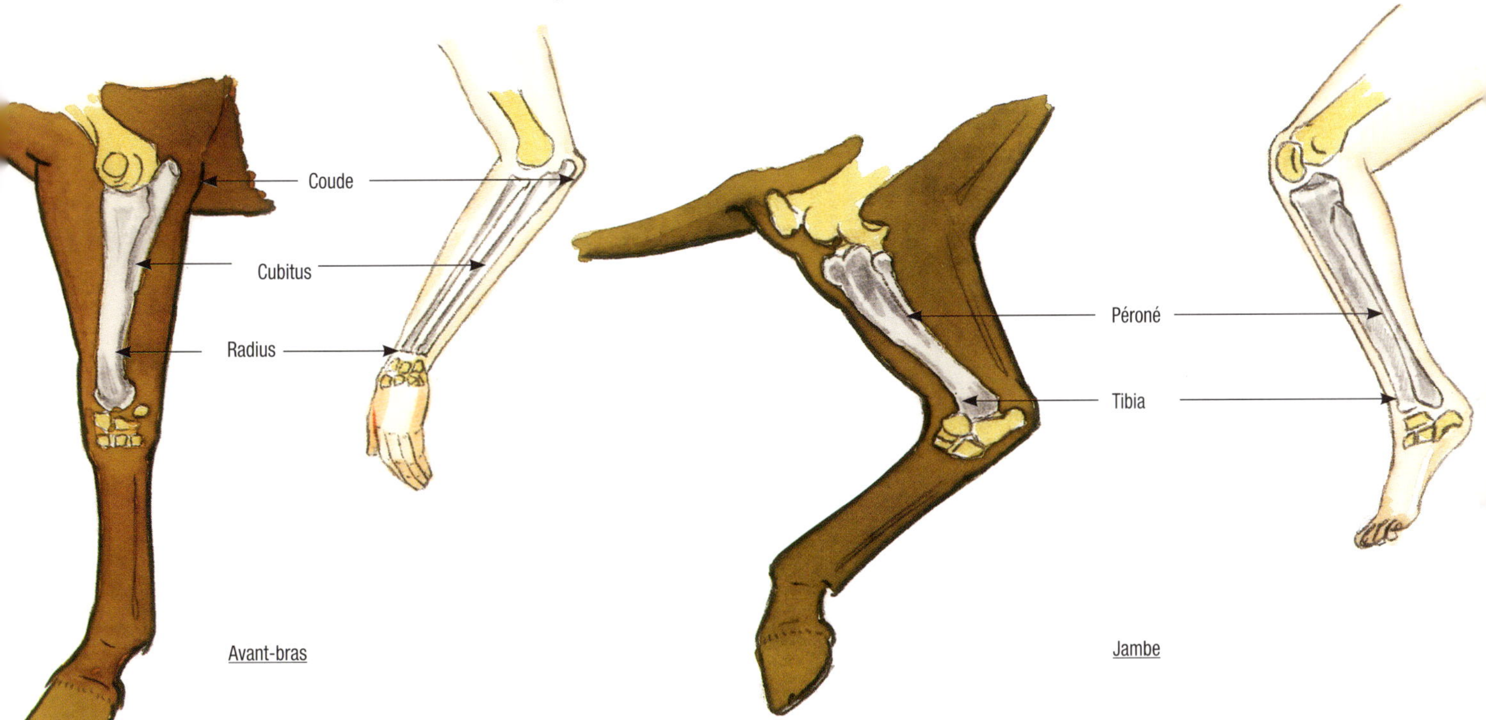

L'articulation appelée GENOU chez le cheval se situe sur le membre antérieur et correspond à notre POIGNET. Les petits os qui la composent forment le CARPE, comme chez l'homme.

L'articulation appelée JARRET chez le cheval se situe sur le membre postérieur et correspond à notre CHEVILLE. Les os courts qui la composent forment le TARSE, comme chez l'homme.

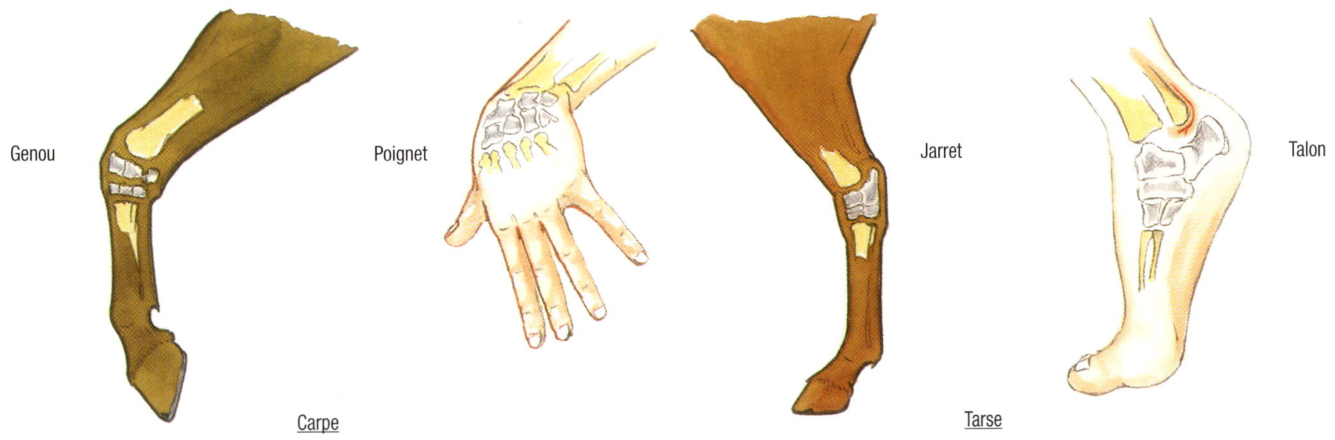

GENOU / AVANT-BRAS et JARRET / JAMBE sont visibles puisque extérieurs au corps chez le cheval comme chez l'homme.

En revanche, BRAS et ROTULE / CUISSE sont enfermés dans la masse du corps du cheval, alors qu'ils sont à l'extérieur du corps de l'homme.

L'EPAULE du cheval est composée d'un os unique, le SCAPULUM (omoplate) alors que celle de l'homme est complétée d'une CLAVICULE qui relie son bras à la colonne vertébrale et au sternum.

Comme chez l'homme, le BRAS du cheval est constitué de l'HUMERUS.

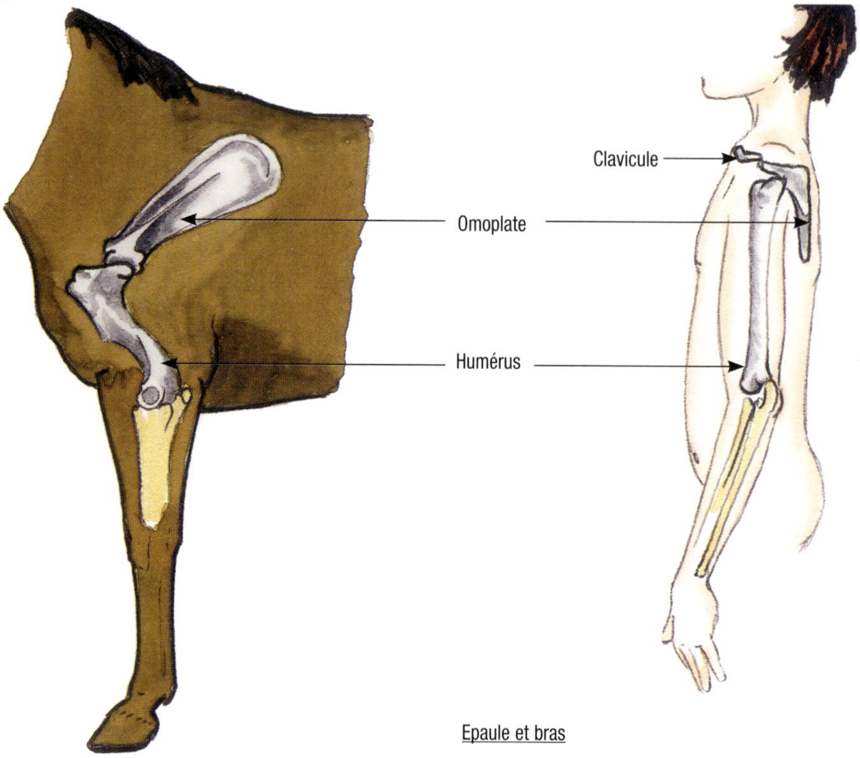

Epaule et bras

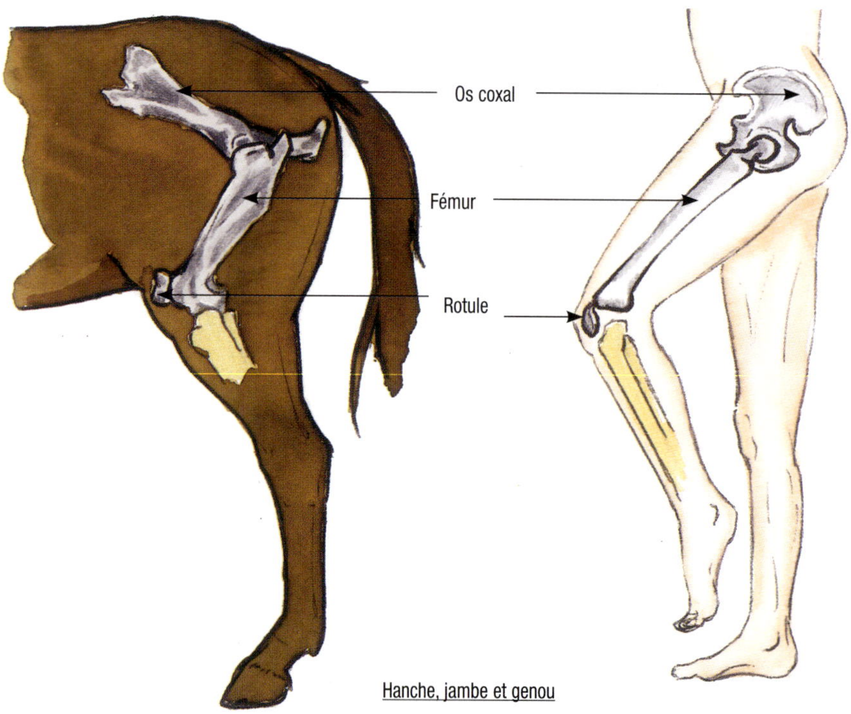

Hanche, jambe et genou

La HANCHE du cheval, comme celle de l'homme, est constituée de plusieurs os soudés entre eux (les os coxaux) et relie la cuisse à la colonne vertébrale.

Comme chez l'homme, la CUISSE du cheval est constituée du FEMUR.

La ROTULE du cheval est située dans son GRASSET, alors qu'elle est l'un des os composant l'articulation du GENOU chez l'homme.

Les familles d'équidés

Il existe, en France, deux grandes familles d'équidés répertoriées selon leurs tailles :

- la famille du cheval, dont la taille au garrot est supérieure à 1,48 m ;
- la famille du poney, dont la taille au garrot est inférieure à 1,48 m.

Attention, il se peut que l'appellation « poney » soit attribuée à un équidé mesurant plus d'1,48 m au garrot : le poney de polo, petit cheval recherché pour sa vivacité, en est un exemple. De même, l'appellation « cheval » peut être donnée à un équidé de moins d'1,48 m au garrot : le cheval de Mérens.

Il existe quatre tailles de poneys :

- les poneys A, qui toisent moins d'1,08 m au garrot ;
- les poneys B, qui toisent plus d'1,08 m mais moins d'1,30 m au garrot ;
- les poneys C, qui toisent plus d'1,30 m mais moins d'1,40 m au garrot ;
- les poneys D, qui toisent plus d'1,40 m mais moins d'1,48 m au garrot.

Une tolérance de 1 cm est admise pour la ferrure.

Pour des raisons pratiques et pédagogiques, une cinquième catégorie de poneys a été validée : les poneys E. Il s'agit de grands poneys D ou de petits chevaux, qui toisent plus d'1,48 m au garrot.

Le monde sensoriel

Le cavalier doit obtenir de son cheval une soumission consentie grâce à un code établi sur le langage corporel et sur une compréhension mutuelle.

Cette recherche permet de gagner en sécurité par le simple fait que l'on observe, interprète et donc comprend mieux les actions et réactions du cheval ou du poney.

Ses applications se font dans toutes les activités équestres, et quel que soit le niveau.

Cette approche naturelle aide le cavalier quant au choix de sa discipline de prédilection.

Le cheval ou le poney est un animal dont les sens sont très développés.

La vue

La vision du cheval ou du poney est très différente de celle de l'homme. Ses yeux, situés sur les côtés, lui permettent de voir sur les côtés, vers l'arrière et vers l'avant. Mais la position de ses yeux l'empêche de voir de très près, et immédiatement derrière lui. Il est plus sensible que l'homme aux mouvements, aux contrastes et aux reliefs.

Son champ visuel couvre pratiquement 360°, mais les zones aveugles doivent être prises en compte.

Il dispose, par ailleurs, d'une très bonne vision nocturne. Il a cependant besoin d'un temps d'adaptation pour passer d'une zone d'ombre à la lumière.

L'ouie

Le cheval ou le poney dispose d'une ouïe très fine. Les oreilles, implantées au sommet de la tête, pivotent pour capter tous les bruits de son environnement. Indépendantes l'une de l'autre, elles se conjuguent pour optimiser son écoute. La forte mobilité de sa tête et de son encolure concoure à la localisation des sons.

L'odorat

C'est un sens très développé chez le cheval ou le poney. Il exécute souvent une « grimace » caractéristique des lèvres lorsqu'il veut améliorer sa perception d'une odeur particulière qui l'intrigue, l'intéresse ou qu'il recherche. C'est ainsi que l'étalon retrousse sa lèvre supérieure pour s'assurer que la jument est en chaleur. Ses naseaux se dilatent ou se contractent selon l'effet recherché.

Passer à proximité d'un lieu où une forte odeur désagréable se propage est souvent problématique à cheval.

Flairer un congénaire est un impératif des chevaux ou des poneys : ils se reconnaissent et adoptent une attitude convenant au rang qu'ils ont dans le groupe.

Le goût

Il préside à l'appréciation de la saveur des aliments et de la boisson. Le cheval ou le poney sélectionne dans la nature les herbes qu'il préfère manger. Il est aussi capable de trier sa ration ou de délaisser un médicament mélangé à sa ration...

Les papilles de sa langue possèdent des propriétés sapides qui sélectionnent les corps indésirables.

Le toucher

Les longs poils sensitifs (appelés vibrisses) répartis aux lèvres et aux arcades orbitaires jouent un rôle tactile.

La peau du bout du nez très mobile et des lèvres, d'une extrême finesse, lui permet de trier la nourriture avant de l'absorber.

L'ensemble du corps du cheval ou du poney, par l'intermédiaire des muscles peauciers très sensibles, réagit au toucher. Une simple mouche venant se poser provoque inévitablement une réaction visant à la chasser.

Lors du pansage, vous constatez les endroits chatouilleux de votre monture.

Vous constatez également la satisfaction qu'il exprime lorsque vous le caressez.

Le cheval ou le poney possède une impressionnante mémoire - surtout olfactive (odorat), tactile (toucher) et auditive (ouie) - ce qui contribue à en faire un partenaire dans son dressage.

Mode de vie et organisation sociale

Le cheval ou le poney est né pour vivre en liberté. Au pré, ils vivent en petit groupe où l'instinct grégaire détermine la place de chacun. Un cheval entier, un mâle, un cheval d'âge ou puissant, une jument de fort caractère peuvent assurer le rôle de cheval dominant, de chef au sein du troupeau. La hiérarchie instaurée doit être respectée de tous sous peine de punitions.

Pour autant, elle ne suit pas un ordre pyramidal, elle va d'un équidé à l'autre : chacun a son rôle surtout pour signaler un danger.

Ajouter un nouveau congénère dans un groupe déja constitué doit se faire avec un minimum de précautions préalables. Vous veillez à ce que « le nouveau » soit vu, senti et reconnu en le plaçant à proximité mais sans risque de blessure pendant quelques jours afin que tous s'acclimatent, avant de le lâcher au sein du groupe.

Les chevaux et les poneys aiment vivre ensemble, c'est ce que l'on appelle l'instinct grégaire.

Au box, vous retrouvez dans le comportement la même vie sociale qui se met en place dans un groupe constitué.

En liberté en pâture, les rôles de dominant - dominé s'expriment d'autant dès lors que vous distribuez les repas : l'instinct de survie l'emporte, le désordre, le bruit et les disputes vont se manifester. C'est pourquoi vous devez nourrir tout le monde en même temps, en plusieurs endroits.

Mode de communication

Le cheval ou le poney hennit relativement peu souvent. Il émet un ronflement approbateur ou non selon la circonstance. Il soufle et couine.

Il s'exprime davantage par des attitudes ou des mouvements caractéristiques qui sont vus et compris par ses congénères. L'homme doit les observer pour les comprendre et réagir en fonction du message transmis.

La tête

Tenue haute, elle révèle un intérêt, une inquiétude ou une prise d'information. En port naturel, elle exprime la confiance et la sérénité. Basse, elle signale souvent un abattement, une perte de moral.

Les yeux

Grands ouverts sans ciller, c'est le trouble et l'inquiétude. Fermés, chut, je dors !

La bouche

Le claquement des mâchoires exprime la soumission chez les jeunes chevaux. Il mord dans sa porte ou au box par énervement ou ennui.

Les oreilles

Leurs positions indiquent son humeur (voir Galop 1 page 31).

La queue

Portée en panache, elle est signe de liesse et d'énergie (vous l'observez lorsque vous lâchez un cheval ou un poney en liberté). Plaquée, elle est signe de forte soumission, voire d'appréhension.

Une queue lentement agitée exprime la confiance et le calme, une queue qui fouaille traduit l'inquiétude, l'énervement.

Les pieds

Il gratte des antérieurs pour exprimer son énervement, et tape dans sa porte quand il est impatient lors de la distribution des repas, pour réclamer sa sortie ou mendier une friandise. Il donne des coups de pieds dans les murs par énervement ou douleur.

Rythme de vie

A l'état sauvage, le cheval ou le poney marche plus de dix heures par jour, et mange, même petitement, presque aussi longtemps. Il se repose lors de courtes périodes espacées. Ce n'est que lorsqu'il est couché de tout son long qu'il est dans un sommeil profond.

La fuite étant son principal moyen de défense contre un prédateur, ses sens sont toujours en éveil.

Enfermé en box ou en stalle, il est très éloigné de son mode naturel de vie. Des problèmes de comportement et de santé peuvent alors apparaître.

Si le travail est insuffisant, inexistant ou excessif, des problèmes d'abattement, d'engorgement ou digestifs surviennent.

L'apparition de troubles comportementaux, comme les tics à l'ours (balancement du corps d'un antérieur à l'autre), tics à l'appui ou à l'air (le cheval ou le poney prend - ou pas - un appui avec ses dents pour avaler de l'air) dénote de l'ennui qu'il éprouve. Les conséquences sont l'usure prématurée des membres pour le premier tic, l'usure prématurée des dents et une perte d'état (amaigrissement) pour le second.

La domestication

Le cheval ou le poney doit apprendre à se comporter loin de son instinct naturel. C'est en comprenant que vous êtes son meneur voire son protecteur qu'il l'acceptera plus facilement.

C'est vous qui contrôlez tous les éléments qu'il avait plus ou moins facilement à disposition à l'état sauvage. Sa survie dépend de vous, et non plus de ses facultés instinctives.

Généreux et désintéressé, il pardonne facilement les erreurs humaines, mais souffre de la brutalité. Vous ne devez pas agir en prédateur, si vous ne voulez pas qu'il réagisse en proie.

Si la violence ou la contrainte amènent parfois des résultats, ceux-ci provoquent du stress et un mal-être du cheval ou du poney dont les conditions d'apprentissage ont été douloureuses.

Il est important de conserver une logique et une progression dans son apprentissage pour que le cheval ou le poney comprenne ce que vous attendez de lui. À partir de là, vous aurez sa confiance et son adhésion : vous êtes sa référence.

Présenter en main

La présentation en main d'un cheval ou d'un poney s'effectue dans le cadre d'une visite vétérinaire, d'une présentation lors d'un concours de Modèles et Allures, ou lors d'une vente.

Le cheval ou le poney doit être sain, exempt de maladie contagieuse, et ses vaccins doivent être à jour.

Vous devez le présenter après l'avoir toiletté (tonte éventuelle, crinière peignée et égalisée, queue nattée et raccourcie, poils de la tête - auge, ganache, oreilles - coupés, pieds graissés).

La présentation montée s'exécute avec un équidé ferré, alors que celle en main peut se dérouler avec un parage correct.

PRÉSENTATION À L'ARRÊT

Le cheval ou le poney doit être présenté de profil, hors crinière à une distance de 5 à 7 mètres du jury, d'aplomb, l'idéal étant que l'antérieur et le postérieur côté jury soient perpendiculaires au sol, et que les deux autres membres soient bien visibles.

Le jury juge des qualités et des défauts et note la conformité, si nécessaire, avec la race.

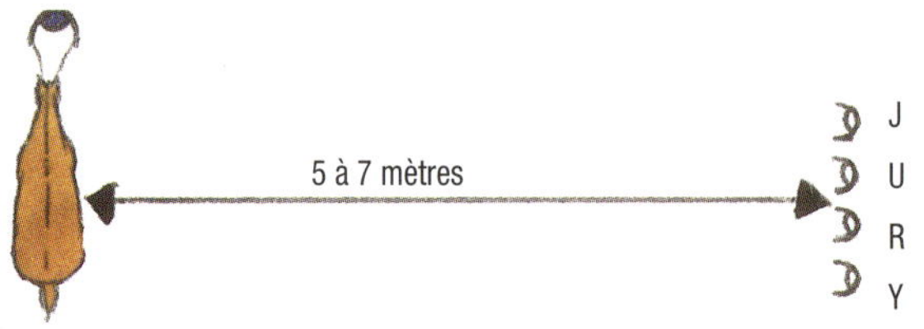

Présentation hors crins, bipède côté jury ouvert, en filet

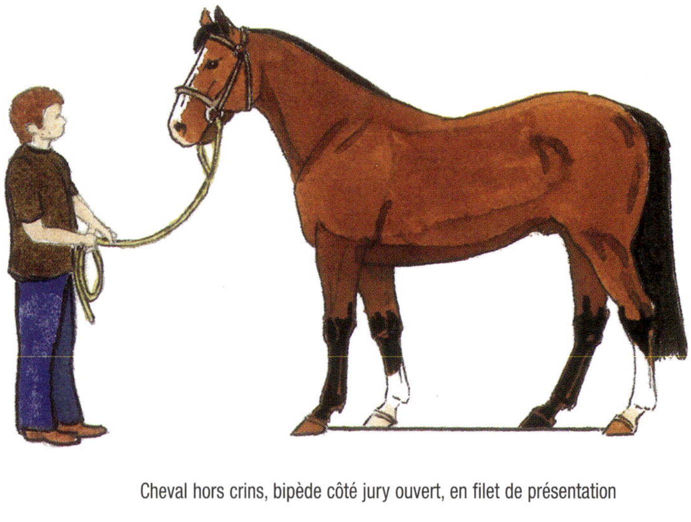

Cheval hors crins, bipède côté jury ouvert, en filet de présentation

Présentation en mouvement

Le cheval ou le poney est tenu en main en licol ou en filet de présentation et se déplace au pas et au trot sur une ligne droite d'environ 20 mètres, ou en décrivant un triangle isocèle.

Course énergique au trot

Placez-vous à hauteur de son épaule gauche, et déplacez-vous en fonction de l'allure sans tirer sur la longe. Il ne doit ni vous précéder, ni traîner en arrière.

Lors des changements de direction, vous êtes à l'extérieur afin qu'il ne s'écarte pas du tracé, ni ne dérape.

Vous pouvez disposer d'un aide, auquel vous donnez les indications nécessaires, qui entretient l'allure avec sa chambrière.

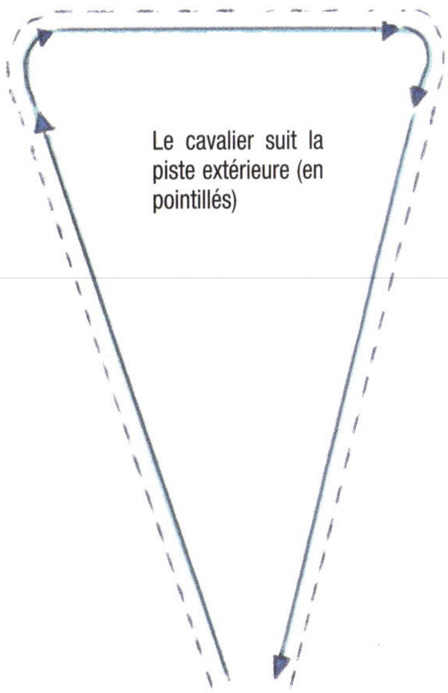

Tracé en triangle

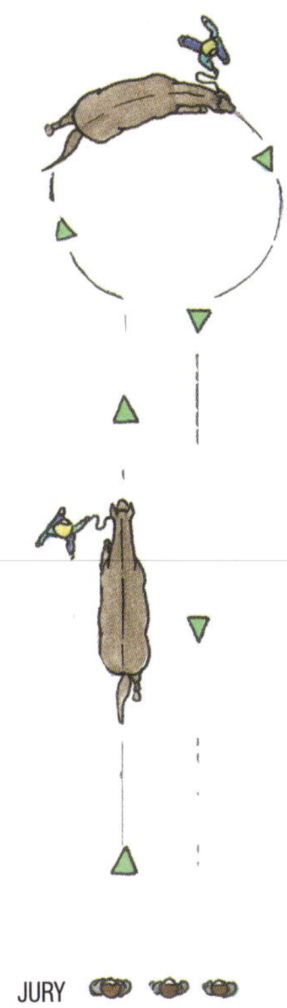

Tracé en aller-retour

Reculer en main

La maîtrise de cet exercice permet au cavalier de sortir d'une situation complexe lorsqu'il est seul.

Face au cheval ou au poney, à partir d'un arrêt, levez la main qui tient la longe en avant avec l'ordre « recule » et des appels de langues, selon le code de dressage du cheval ou du poney.

Dès que le mouvement s'amorce, avancez en phase avec lui. Faites-le reculer de quelques pas, dans le calme, cessez de le solliciter, arrêtez-le et récompensez.

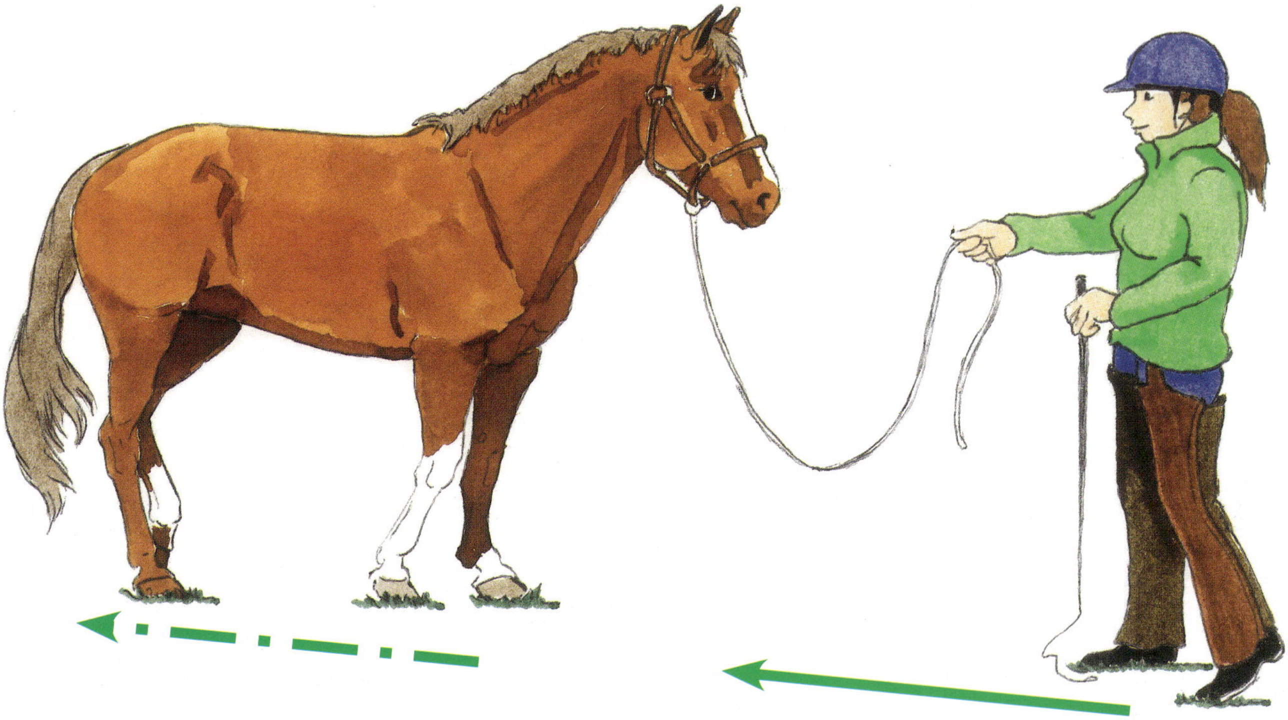

Vous obtiendrez un reculer en étant très proche, voire à son contact, au début. La distance qui vous sépare augmente avec vos niveaux d'expertises réciproques. L'apprentissage peut être déclenché avec une main sur le poitrail ou un stick appuyé sur ses avant-bras ou son poitrail.

Veillez à le faire reculer droit grâce à la position de son encolure.

Franchir des embûches en main

Le passage d'embûches telles la bâche lourde, la passerelle se fait avec un cheval ou un poney confiant et routiné à cet exercice.

Placez-vous à sa gauche à hauteur de son épaule en tenant la longe à environ trente centimètres de la tête, le flot de longe gardé dans la main gauche.

Avancez franchement vers l'embûche, sans tirer sur la longe, le cheval ou le poney restant à votre côté.

Franchissement d'une passerelle en main

S'il hésite, laissez-le regarder ou sentir. Encouragez-le de la voix et précédez-le. Ne le bousculez pas, vous obtiendriez l'effet inverse.

Faites appel à un aide auquel vous donnez les consignes utiles, si nécessaire.

Dès obtention de l'exercice, récompensez largement de caresses.

Longer

Le travail à la longe est pratiqué pour gymnastiquer un cheval ou un poney, en complément ou en remplacement du travail monté si son état physique ne le lui permet pas.

L'idéal est de disposer d'un rond de longe. Si vous n'en avez pas, matérialisez un carré de 20 mètres de côté pour pouvoir le faire travailler sur des cercles de 10 à 18 mètres de diamètre.

Harnachement du cheval ou du poney, équipement du longeur

Longe éthologique

Vous devez brider soit avec un filet doté d'un mors doux à aiguilles ou d'un mors doux et de rondelles, soit d'un caveçon ou d'un licol éthologique. Ce dernier présente l'avantage d'être facile d'emploi lors du changement de main sur le cercle.

La longe se fixe de préférence directement sur l'anneau du mors équipé de rondelles ou à aiguilles, sur le caveçon ou sur le licol éthologique si l'aire de travail est close. Sinon, vous pouvez mettre votre longe en Colbert. La longe est en tissu épais et plate.

Vous devez être dans une tenue qui autorise des déplacements rapides à pied, et porter des gants pour ne pas brûler vos mains si la longe glisse brutalement.

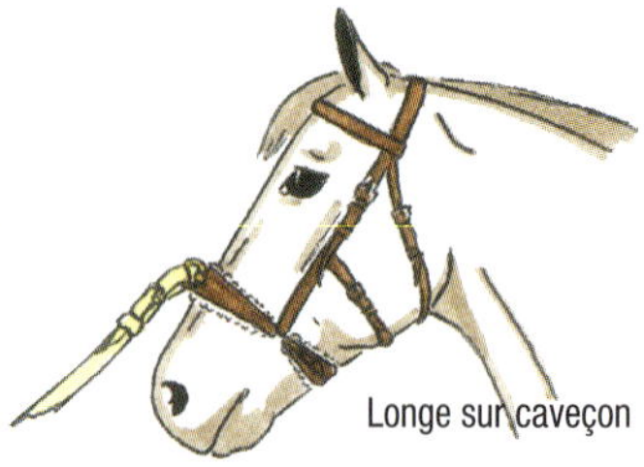

Longe sur caveçon

Longe en prise directe

Longe à la colbert

La place du longeur

Vous devez être au centre du cercle sur lequel évolue le cheval ou le poney. Décrivez vous-même un petit cercle central en restant orienté vers la monture, à hauteur de la sangle en gardant un contact moelleux avec sa bouche.

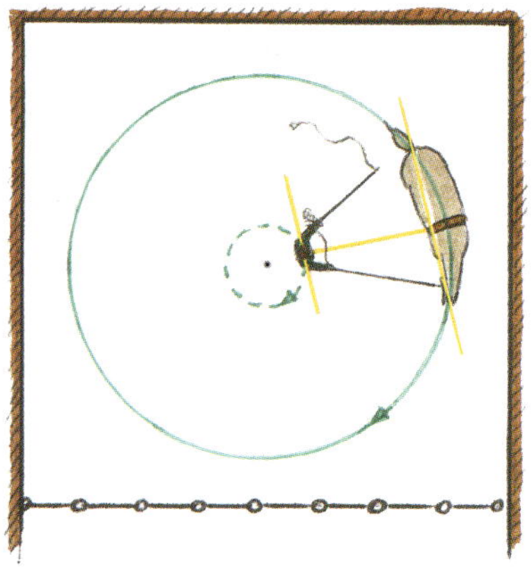

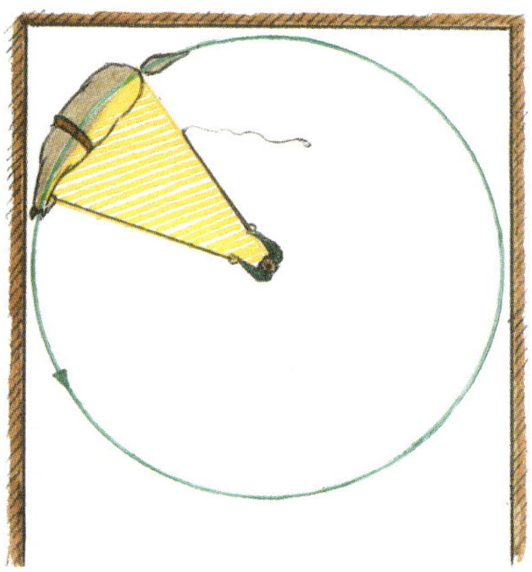

Tenue de la longe

La main qui longe est celle du côté duquel le cheval ou le poney tourne. Vous tenez la longe dans la main droite, le flot lové en huit dans la main gauche si vous longez à main droite, et inversement si vous longez à main gauche : la longe est tenue comme une rêne ou une guide et la remplace.

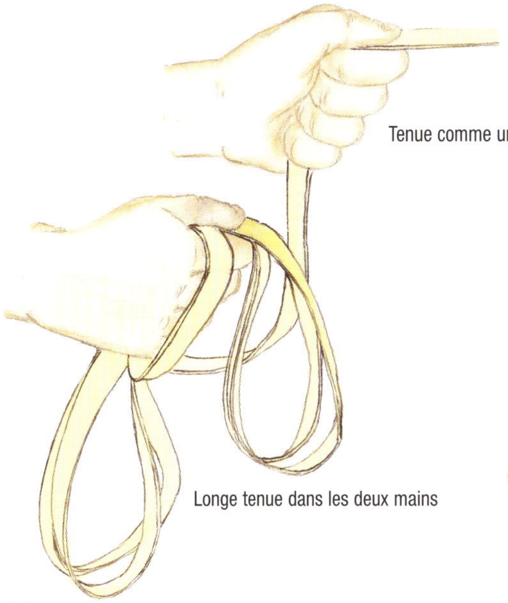

Tenue comme une guide

Longe tenue dans les deux mains

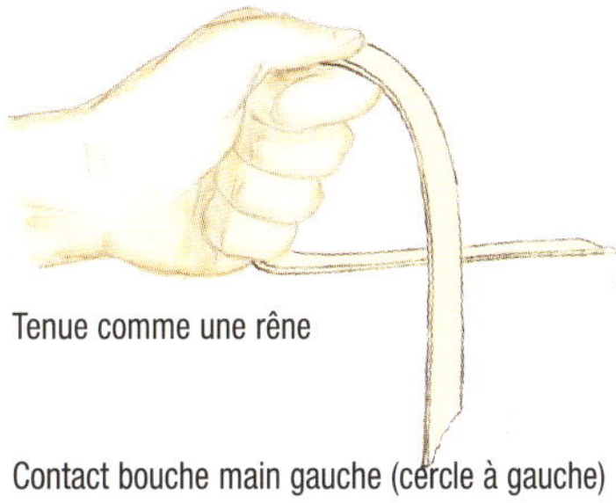

Tenue comme une rêne

Contact bouche main gauche (cercle à gauche)

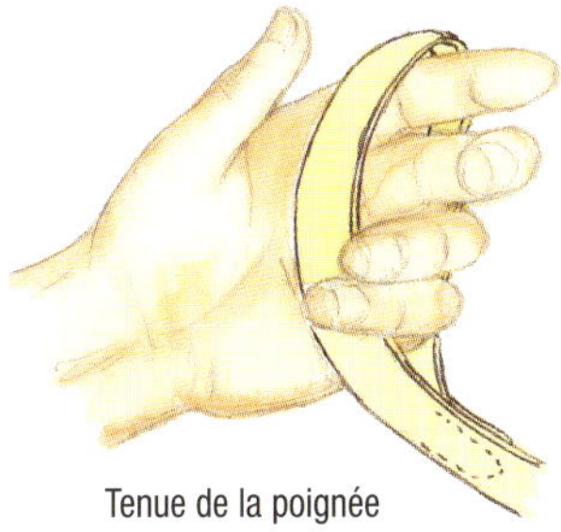

Tenue de la poignée

Les aides

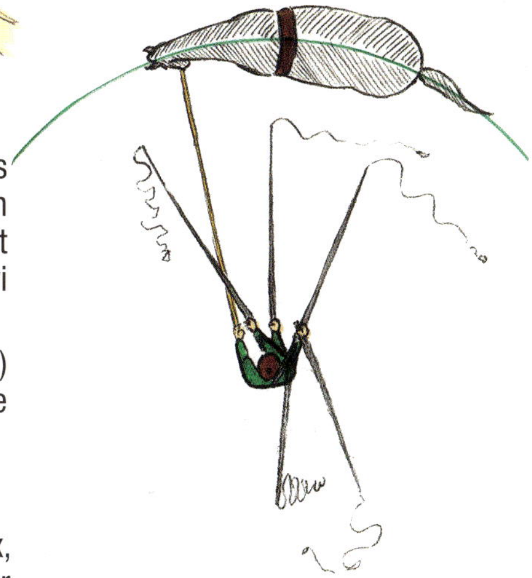

La voix

Le cheval ou le poney longé répond à des ordres oraux précis que vous devez maîtriser. Le ton doit être ferme et net. Un ton bref et ascendant en accentuant la première syllabe pour avancer, un ton long et descendant pour ralentir. Tout mot supplémentaire est inutile, il ne sera pas suivi d'effet, en dehors des appréciations « non » « oui » et « c'est bien ».

« Marcher » - « Trotter » - « Gaaalop » - « Oooh » (ralentir) - « HO » (arrêt) sont les mots de vocabulaire dont vous disposez, étayés d'appels de langue et de l'emploi judicieux de la chambrière.

La chambrière

Celle-ci intervient pour faire obéir le cheval ou le poney aux aides de la voix, de la même manière que le cavalier utilise sa cravache pour faire respecter l'obéissance aux aides. Les différentes positions de la chambrière contrôlent la direction, l'équilibre et l'activité de la monture. Elle peut servir aussi pour des indications particulières : en direction de l'épaule de bas en haut pour évaser le cercle.

La main

Comme dans le travail monté, la main agit, cède et résiste avec à-propos. Ses actions sont plutôt vers le haut pour renforcer un ralentissement et, en s'écartant vers l'avant, pour inciter le pli du côté où le cheval ou poney tourne.

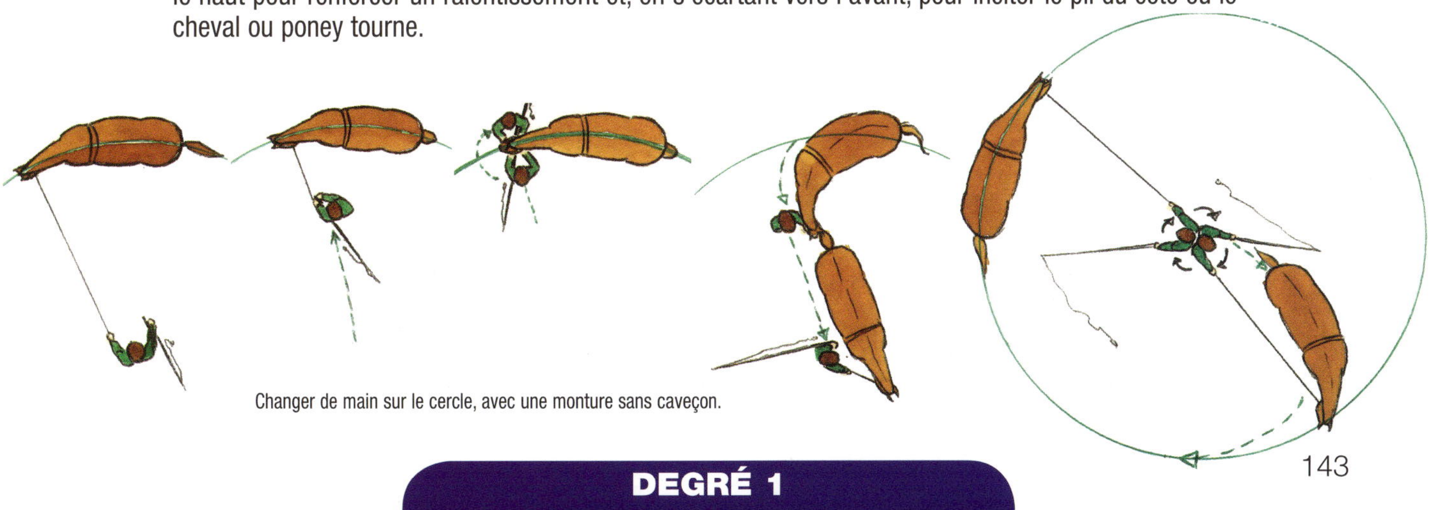

Changer de main sur le cercle, avec une monture sans caveçon.

Toiletter

Toiletter un cheval ou un poney, c'est supprimer les poils et les crins en excédent afin de le rendre plus agréable à l'œil et plus soigné.

Chaque équidé demande une toilette personnalisée en fonction de son modèle, sa race et son utilisation.

La crinière

Les différentes coupes :

- crinière longue à tout crin (frisons, arabes, ibériques, poneys shetlands...) ;
- crinière rasée à la tondeuse (fréquente pour les équidés participant aux chasses à courre et au polo) ;
- crinière en brosse coupée au ciseau (poneys fjords, franche-montagnes, chevaux de horse-ball) ;
- crinière classique effilée au peigne ;
- crinière à l'américaine, très carrée et fréquente chez les chevaux de concours.

Pour obtenir une crinière rasée, tondez les crins à partir du garrot en remontant vers la nuque, le toupet pouvant être rasé ou laissé long. Les crins à la repousse seront raides et produiront un effet abrupt.

La coupe en brosse commence par le garrot et se finit vers les oreilles. Vous choisissez la hauteur de la brosse selon votre goût et la nature de la crinière. C'est centimètre par centimètre, par petits coups de ciseaux et en travaillant des deux côtés que vous obtenez une brosse régulière et symétrique.

Raccourcir et égaliser la crinière

Vous utilisez un bouchon, une brosse douce, un peigne d'écurie métallique à dents courtes, une tondeuse et une paire de ciseaux arqués à bouts arrondis. Porter des gants est recommandé.

La crinière doit être d'une longueur de deux travers de main en se dégradant vers le garrot.

Commencez par la brosser et la peigner en la positionnant totalement du côté où elle tombe majoritairement naturellement.

Raccourcir et effiler

Démarrez par la nuque ou par le garrot, jamais par le milieu de l'encolure.

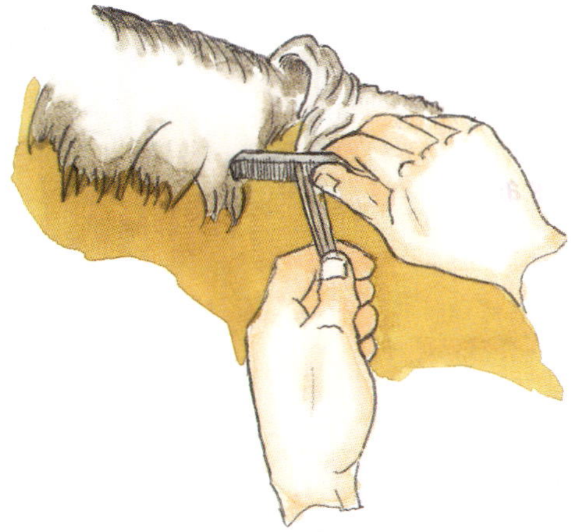

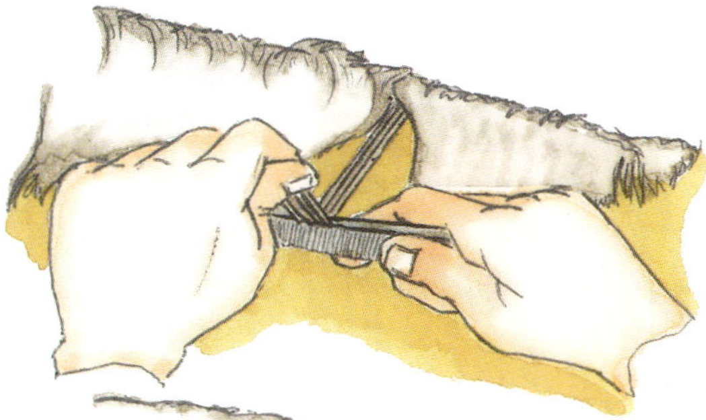

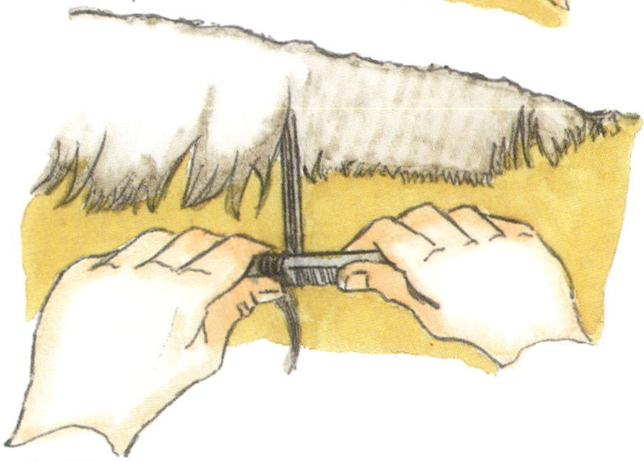

Prenez une petite mèche de crin que vous tendez vers le bas. Avec le peigne tenu dans l'autre main, rebroussez les crins vers le haut.

Dès qu'il ne vous reste que les crins longs en main, enroulez-les autour du peigne et tirez d'un coup sec vers le bas pour les arracher. Faites de même sur l'ensemble de la crinière, en repérant la longueur choisie pour obtenir un bon alignement.

Peignez régulièrement les zones effilées. Vous entretenez la crinière toutes les cinq semaines.

Egaliser

Pour réaliser la crinière à l'américaine, après l'avoir raccourcie et désépaissie par l'effilage, vous l'égalisez aux ciseaux parallèlement à l'encolure.

Commencez par le garrot, coupez les mèches qui dépassent au ciseau en procédant centimètre par centimètre et en lissant les crins très fréquemment. Reculez-vous pour observer l'alignement.

Soyez méticuleux afin d'éviter la formation de toute échelle disgracieuse et rédhibitoire.

Le toupet et le passage de têtière

Vous éclaircissez le toupet de la même façon que la crinière.

Vous coupez le passage de têtière aux ciseaux ou à la tondeuse sur cinq centimètres environ afin que le frottement du filet ou du licol ne provoque pas de blessure à votre monture avec les paquets de crins.

La queue

Souvent portée longue, elle ne doit pas traîner par terre. Elle est utile au cheval ou au poney pour se protéger des insectes.

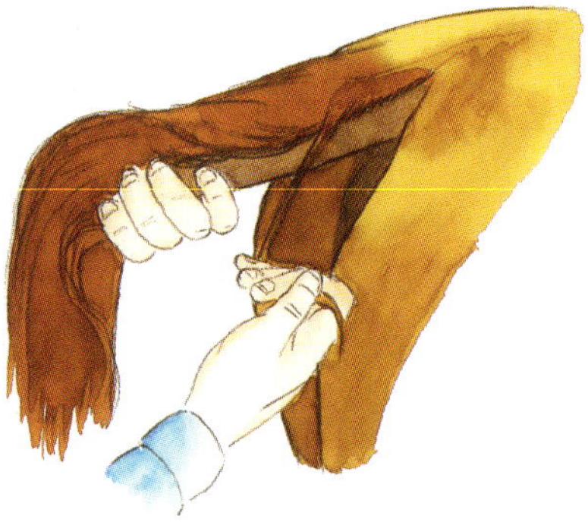

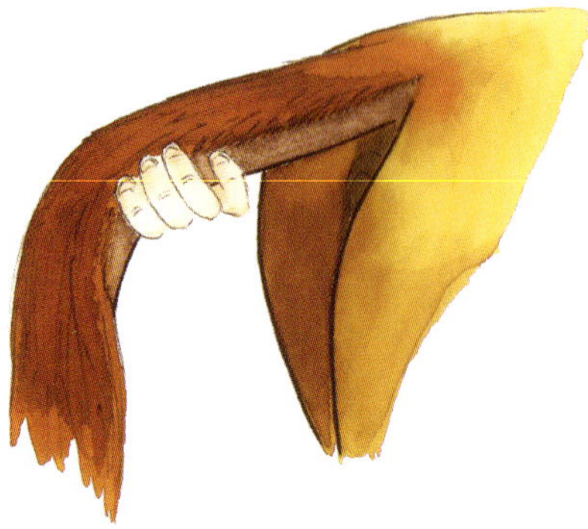

Débarrassez la naissance du couard des crins inélégants en les arrachant puis en rasant ou en les coupant (moins douloureux) au ciseau ou à la tondeuse.

Son extrémité doit être coupée au ciseau de façon à ce qu'elle arrive à la base du jarret lorsque le cheval ou le poney marche, c'est-à-dire 10 à 15 cm sous le jarrêt, à l'arrêt.

Passez un bras sous le couard pour reproduire le port naturel de la queue, et saisissez son extrêmité à la longueur voulue. Vous coupez l'excédent sur une mèche, et égalisez le reste.

Pour toiletter la crinière ou la queue, si votre monture est très nerveuse, désensibilisez-la du bruit de la tondeuse avant d'intervenir sur elle. Rapprochez périodiquement la tondeuse en marche jusqu'à la toucher et caressez, jusqu'à ce qu'il n'y ait plus de réaction de peur. Faites-vous aider si nécessaire.

Reconnaître un parcours

C'est une phase à pied préalable importante et indispensable à la réalisation du parcours à effectuer.

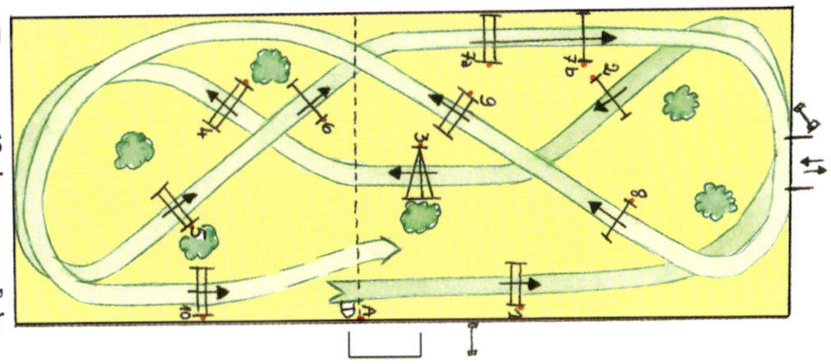

Rendez-vous à pied sur le terrain et déplacez-vous selon le tracé que vous choisissez pour exécuter le parcours.

Chaque parcours propose une disposition et des contrats différents par leur agencement et la nature du terrain sur lequel il doit se dérouler.

Vous devez donc repérer et mémoriser tous les reliefs, les profils et les contrats des obstacles, sans oublier l'environnement.

Un cheval ou un poney peut ne pas apprécier certain profil d'obstacle et réagir à l'inverse de vos attentes. A vous d'anticiper en procédant à une reconnaissance de parcours minutieuse.

Chaque obstacle ou passage obligatoire est signalé de deux fanions, le rouge que vous laissez à votre droite, le blanc que vous laissez à votre gauche. Ils indiquent ainsi le sens de franchissement. Le premier passage obligatoire est... la ligne de départ, et le dernier, la ligne d'arrivée. Ces deux lignes doivent être franchies dans le bon sens sous peine d'élimination.

Comptez les distances qui séparent les obstacles en ligne (combinaison ou pas) en apprenant à faire des enjambées d'un mètre. Ces distances vous indiquent le nombre de foulées que vous devez (ou pouvez) faire avec votre monture pour négocier au mieux les obstacles.

Prenez des points de repères pour matérialiser vos courbes (décorations, autres obstacles, lice, cabine du jury...), elles seront d'autant plus faciles à exécuter une fois en selle.

N'hésitez pas à vous faire accompagner d'un aide expert ou d'un enseignant, il décryptera mieux les difficultés, et vous prodiguera des conseils utiles à la prestation de votre couple.

Si votre numéro de passage le permet, observez les parcours des concurrents précédents : vous éviterez ainsi peut-être certaines erreurs.

Ayant tout en tête et connaissant l'ordre des obstacles par cœur, vous détendez votre monture en fonction des difficultés repérées.

Equilibre et stabilité

En montée ou en descente, vous devez être stable dans votre équilibre.

En montée ou sur le contre-haut

EN MONTÉE

Restez en équilibre sur les étriers, buste légèrement incliné vers l'avant pour faire avancer votre poids du corps et soulager l'arrière-main. Votre monture pousse sur ses postérieurs et tracte avec ses antérieurs. Si la pente est très forte, aidez-vous d'une poignée de crins à mi-encolure pour ne pas vous raccrocher aux rênes ni tirer sur sa bouche.

SUR LE CONTRE-HAUT

L'abord doit se faire comme celui d'un vertical, vous prenez la battue loin de l'obstacle. Ce qui change est que la réception est en hauteur. Le planer est abrégé et la phase descendante du saut est annulée.

Restez proche de votre selle à l'abord et en équilibre sur les étriers tout le long du saut. Maintenez l'impulsion et demandez la reprise de l'allure dès la pose des antérieurs au sol.

En descente ou sur le contre-bas

EN DESCENTE

La vitesse tend à augmenter, restez-en maître et contrôlez la direction pour que votre monture ne se place pas en travers, en restant en équilibre sur les étriers, proche de la selle et en gardant votre monture dans les couloirs de vos aides (jambes et mains). Le buste est légèrement incliné vers l'arrière pour faire reculer votre poids du corps et soulager l'avant-main. Votre monture résiste sur ses postérieurs et avec ses antérieurs. Si la pente est très forte, n'hésitez pas à rester assis dans la selle, les deux jambes maintenues à la sangle, le buste incliné en arrière et les rênes rallongées sans perte de contact.

SUR LE CONTRE-BAS

L'abord doit se faire comme celui d'un obstacle de volée : vous prenez la battue près de l'obstacle, avec des rênes pas trop tendues pour ne pas faire sauter votre monture, mais au contraire, la laisser descendre la marche. Ce qui change est que la réception est en profondeur vers le bas. Le planer est allongé et la phase descendante du saut est aussi longue que le dévers est prononcé.

La réception est donc plus marquée. Vous devez accompagner le saut comme d'habitude si c'est un petit contre-bas, en sachant que vos jambes subiront un amortissement plus conséquent à la réception.

Soyez tonique également dans le haut du corps pour ne pas venir plonger le nez dans la crinière. Pour un gros contre-bas, le buste s'oriente comme en descente pendant la phase descendante du saut, les fesses proches du pommeau de la selle, les rênes se rallongeant sans perte de contact, et vous revenez en position d'équilibre le plus rapidement possible dès la réception pour canaliser votre monture et reprendre l'allure initiale.

Le gué

La difficulté du franchissement d'un gué simple (sans contre-bas d'entrée ou contre-haut de sortie) réside dans l'eau : elle peut effrayer votre monture, et elle ralentit l'allure pendant votre passage.

Conservez votre monture dans le couloir de vos aides et encouragez-la de la voix et de vos jambes sans agitation.

Dès que vous êtes dans l'eau, maintenez l'impulsion. Les oscillations verticales de votre monture vont s'amplifier car elle lève ses membres plus haut et pousse plus énergiquement sur chaque pied. Restez stable dans votre équilibre (assis, enlevé ou sur les étriers).

Les branches basses

Cet exercice demande souplesse et dextérité. Les branches basses sont placées à environ trente centimètres au-dessus du garrot de votre monture. Présentez-vous de face, le buste légèrement décalé sur la droite ou la gauche pour vous pencher souplement et rapidement d'un côté ou de l'autre de l'encolure et passer sans encombre sous les branches basses. Veillez à garder le contact avec la bouche de votre monture pour qu'elle ne dévie pas de la trajectoire initiale, et restez en équilibre sur les deux étriers.

Le ramassage

Si vous devez ramasser un objet situé à hauteur de l'étrier, adoptez la même attitude que celle des branches basses, en tenant et ajustant les deux rênes dans une main, avec une poignée de crins pour ne pas tirer sur les rênes (ce qui dévierait votre monture de sa trajectoire).

Culture autour du cheval et du poney

L'histoire partagée avec le cheval ou le poney est longue. En voici quelques étapes marquantes.

Le Moyen Âge

Le chevalier, bien emboîté dans sa selle « à piquer » et jambe en avant pour résister au choc adverse, montait un lourd cheval qui devait supporter le poids de la ferraille. De longs éperons et un mors puissant concouraient au maniement énergique nécessaire aux charges brutales ou aux parades des coups.

Mais les croisades dévoilèrent une autre pratique équestre de guerre où les chevaux étaient petits, vifs et agiles, virevoltant et tournoyant à merveille : le lourd chevalier et son destrier furent à la peine, harcelés par un adversaire quasi insaisissable.

Il regarda alors du côté d'une équitation « manégée » et disparut.

La Renaissance

Au XVIe siècle, le gentilhomme français fut immédiatement séduit par les académies de Ferrare et de Naples où évoluaient des chevaux moins massifs, que les écuyers italiens assouplissaient lors du travail en cercle, dans une attitude de ramener et sur une cadence lente.

L'art équestre était né : il allait se répandre de l'Italie à l'Europe entière, même si la préoccupation dominante des Orientaux restait la maniabilité au combat.

Le XVIIIe siècle

L'École de Versailles

Le Grand Roi fit bâtir un cadre qu'il voulut digne de ses chevaux et de lui-même par Mansart. C'est à Versailles que la selle à piquer fut abandonnée pour une selle rase, dite selle à la royale : les étriers, plus courts, permirent à la jambe de se plier au genou pour une recherche de souplesse et de grâce dans la silhouette du cavalier.

Reprises, fêtes et carrousels s'y sont succédé où les chevaux abaissaient leurs hanches, soutenaient leur devant en étant aimables dans leurs bouches.

Monsieur de La Guérinière

Directeur du manège royal des Tuileries, il éclipsa les écuyers de Versailles.

Il est le père de « la basse école » (travail de mouvements simples d'une et de deux pistes), équitation indispensable, et de la « descente de main », notion nouvelle nécessaire au rassembler.

On lui doit l'épaule en dedans, qu'il concevait comme un exercice, et non comme une figure de présentation.

Monsieur d'Auvergne

L'Équitation militaire et Monsieur d'Auvergne

Les généraux de la cavalerie ne voulaient pas de cavaliers savants ni de chevaux gras : ils préféraient des cavaliers frustres et solides en selle, justes dans leurs aides, sur des chevaux allant aux trois allures en attitude naturelle. Monsieur d'Auvergne combla leurs attentes, il devint le Fondateur de l'équitation militaire française.

C'est sous cette influence que Monseigneur le comte de Provence emmena sa brigade de carabiniers s'installer à Saumur.

Les Fondateurs des doctrines

Aux XIXe et XXe siècles, le Cadre Noir complète le renom de Saumur et le portera aux quatre coins du monde.

L'épopée du cadre noir Lavauzelle

La Révolution renversa toutes les institutions, y compris l'Ecole de Versailles. Cette dernière ne fut rétablie que sous Louis XVIII.

Ce n'est qu'en 1825, sous Charles X, que Saumur vit venir l'Ecole Royale de Cavalerie.

Le D'Aurisme

Le Comte D'Aure directeur de l'Ecole de Versailles jusqu'à sa suppression en 1830, dirigea un manège à Paris, fréquenté par la jeunesse dorée, où le duc de Nemours l'envoya à Saumur dans l'intention de l'y faire nommer Ecuyer en Chef.

L'épopée du cadre noir Lavauzelle

Le Bauchérisme

François Baucher, après un séjour en Italie, est persuadé que sa méthode d'équitation est révolutionnaire. C'est sous le chapiteau d'un cirque aux Champs-Elysées qu'il donne des représentations éblouissantes. Il publie sa méthode dont le principe de départ est de « *détruire les forces instinctives pour leur substituer des forces transmises* » (Baucher première manière). Victime d'un accident qui le diminue physiquement, il conçoit et publie sa « deuxième manière » où les forces instinctives sont « *annulées, réduites ou harmonisées au bénéfice des forces transmises* ».

L'épopée du cadre noir Lavauzelle

Le Général L'Hotte

Ami et disciple de D'Aure et de Baucher, le Général L'Hotte a tout vu, tout entendu et tout recueilli. Il fut nommé Ecuyer en Chef du Cadre Noir de Saumur en 1864. Pour lui « selon que l'équitation de campagne ou savante est envisagée, la préférence doit être donnée aux principes de D'Aure ou à ceux de Baucher ».

Il codifiera le Règlement de cavalerie en 1876, et fera adopter le trot enlevé la même année, après plus de 20 ans d'efforts. On lui doit entre autres, le mors de bride qui porte son nom.

Le Général L'Hotte publiera « Questions équestres », chef-d'œuvre où les principes sont mis en valeur et la doctrine cernée pour arriver à la philosophie de l'équitation.

Colonel Danloux

L'épopée du cadre noir Lavauzelle

De célèbres écuyers laisseront leurs noms : Le Lieutenant-Colonel Wattel, le Colonel Danloux, le Général Decarpentries marqueront fortement la période d'entre-deux-guerres.

Général Decarpentries

L'épopée du cadre noir Lavauzelle

L'équitation sportive

La remise au goût du jour des Jeux Olympiques par Monsieur le Comte Pierre de Coubertin en 1896, crée de nouvelles demandes en termes d'équitation.

Et la pratique équestre continue d'évoluer, pour preuve la naissance de diverses philosophies équestres telles l'équitation centrée (Sally Swift) à la fin du XXe siècle, et l'éthologie équine de nos jours...

LAVAUZELLE graphic

B.P. n° 8
87350 PANAZOL
ISBN N° 978 2 7025 15372

Dépôt légal : Janvier 2012